Gayan Sylvie Winter

Die Weisheit der Elfen und Feen

Gayan Sylvie Winter

Die Weisheit der Elfen und Feen

Boten des Wunderbaren

Urania

2. Auflage 2002

ISBN 3-908653-30-4

Umschlag: Ralph Höllrigl, Freiburg im Breisgau,
unter Verwendung einer Illustration von Gayan S.Winter
Die Illustrationen entstammen dem gleichnamigen Kartenset, erhältlich bei Urania, Neuhausen/Schweiz
Satz und Herstellung: Die Herstellung, Stuttgart
Druck und Bindung: Printer Trento, Trento
Printed in Italy

Inhalt

Einstimmung

Wie die Engelskräfte sind auch die Kräfte der Elfen und Feen immer um uns. Nur nehmen wir sie in der Dichte unserer Gedanken und unserer hektischen Lebensweise nicht mehr wahr und glauben deshalb nicht mehr an sie. Doch sie existieren in der ewigen Gegenwart, in der Welt des Unsichtbaren. Sie leben auf einer feineren Ebene und begleiten und helfen uns gern, wenn wir uns für sie öffnen.

Die magische Welt des Wunders ist nicht verloren. Trotz aller Technik in der Welt und trotz aller Veräußerlichungen gibt es unendlich viele Dimensionen, in denen andere Wesen und gute Geister zu Hause sind, die ein Auge auf uns Menschen haben. Wir können mit ihnen in Kontakt treten, wenn wir die Stille in uns selbst wiederfinden, in der sich die Türen der magischen Welt öffnen, in der wir alle leben und die uns immer umgibt.

Dieses Buch soll als kleines »Sprachrohr« der Elfen- und Feenkräfte dienen und kann auf verschiedene Arten genutzt werden. Es kann zum einen helfen, das eigene Leben mit klareren Augen zu betrachten und neue Einsichten zu gewinnen, und zum anderen dazu beitragen, die Dinge mit mehr Gelassenheit hinzunehmen und den steten Wandel des Lebens bewusst und mit Freude willkommen zu heißen.

Man kann sich auf sehr meditative Weise mit diesem Buch beschäftigen und es als geistiges Hilfsmittel nutzen, um sein Leben und sich selbst neu wahrzunehmen.

Dazu nimmt man zuerst aus dem Kartendeck der *Weisheit der Elfen und Feen* jene Karten heraus, die in diesem Buch beschrieben sind. Dann mischt man die Karten und breitet sie mit dem Bild nach unten vor sich aus. Man stimmt sich innerlich in aller Ruhe auf die Frage ein, die man stellen will, und zieht dann eine oder auch zwei Karten.

Die Fragen sollten klar und einfach formuliert werden. Alles Komplizierte macht auch die Antwort komplizierter.

Einige gute Fragen sind zum Beispiel:

Welcher Bereich in meinem Leben braucht mehr Aufmerksamkeit?

Welche Energien wollen sich in mir ausdrücken und kreativ werden?

Was soll ich lernen, um erfüllter zu leben ?

Die kursiv gedruckten Zeilen sind Affirmationen, die man einige Male durchlesen sollte.

Veränderungen im Leben, die auf einer inneren Schwelle bereits darauf warten, konkret zu werden, brauchen manchmal nur einen kleinen Anstoß, um sich zu manifestieren. Manchmal genügt bereits ein Satz oder ein Wort, die, wenn richtig verstanden, eine tiefe Veränderung in der eigenen Wahrnehmung auslösen können. Ich hoffe, dass Ihnen dieses Buch solche Anstöße geben kann und Ihnen viel Freude und Entspannung bringt!

Mit meinen besten Wünschen auf Ihrem Lebensweg,

Gayan Sylvie Winter
Santa Fe 2001

Zu sein, ist ein Geschenk des Himmels!

Das Mysterium des Lebens umgibt uns überall. Auf dieser herrlichen Erde in einem Körper zu leben und durch diesen Körper viele wundervolle Erfahrungen machen zu dürfen, zu spüren, zu sehen, zu schmecken, zu hören, zu empfinden, ist ein großes Geschenk des Himmels und des Lebens an alle Wesen.

Doch die Menschen vergessen dies und machen aus allem ein Problem. Sie vergessen ihre wahre Herkunft und beginnen sich selbst, innerlich wie äußerlich, zu bekämpfen. Das

Geschenk ihres Daseins wird ihnen unwichtig. Sie sehen es nicht mehr. Oft empfinden sie dann ihr Leben nur noch als Last und Mühsal.

Manchmal genügt ein kleiner Schock, ein Wachrütteln, um die Wirklichkeit wieder zu sehen. Verschüttet und begraben sind die Gefühle der Kindheit, in der die Menschen noch den Kontakt zu den Kräften des Wunderbaren besaßen. Vergangen die Tage, an denen jeder Sonnenaufgang den Beginn eines neuen Lebens bedeutete...

Es gab Zeiten, da offenbarten sich die Elfen und Feen den menschlichen Wesen und zeigten ihnen, dass es sogar hier auf Erden noch ganz andere Welten gibt. Diese Menschen sind verwandelt zu ihrem eigenen Dasein zurückgekehrt und haben begonnen, mit neuen Augen zu sehen und mit offenem Herzen zu fühlen.

Die meisten Menschen haben eine seltsame Angewohnheit: Sie benennen Dinge, die in Wirklichkeit namenlos sind, und wundern sich dann, dass dabei die Magie verloren geht. Jeder Baum, jeder Strauch, jede Blüte und jeder Mensch ist ein Ausdruck des Mysteriums. Das Gleiche gilt für jeden Grashalm, jeden Vogel und jeden Stern. Nichts wäre ohne die Kraft des Himmels. Alles ist auf ewige Zeiten eins und eng miteinander verwoben. Nichts steht allein für sich. Alles ist durch die unsichtbaren Fäden des Wunderbaren miteinander verbunden.

Das Geschenk, zu sein, ist eine große Offenbarung im Herzen jedes menschlichen Wesens. Das Wesen erhielt das Geschenk, sich in einem Körper zu erfahren. Das Wunderbare leitet es und bringt ihm die Umstände, die es gewählt hat. Erst bei der Geburt, in einem menschlichen Körper, verliert das Wesen sein Bewusstsein von dem, was vorher war. Ein gütiger Schleier legt sich über die Erinnerungen seiner vorherigen Leben und die Welt des Unsichtbaren, aus der es hervorkam...

Kleine Kinder leben deshalb noch in tieferer Verbundenheit mit der Welt des Wunderbaren. Sie sehen uns Elfen und Feen noch. Sie spielen mit uns. Sie verstehen unsere Sprache. Wir sind zu Anfang noch ein Teil ihrer magischen und wundersamen Welt.

Später ändert sich das. In ihren Schulen lernen sie andere Dinge. Sie lernen, sich und ihren eigenen Wahrnehmungen und Gefühlen zu misstrauen. Sie werden oft vollgestopft mit Dingen, die sie weder brauchen noch glücklich machen. Unsere Welt ist für sie nicht mehr erreichbar. So verlieren sie langsam die Gabe, das Wunder ihres

Lebens als die Wirklichkeit zu empfinden. Ein Mensch, der das Vertrauen und die Fähigkeit besitzt, nicht an alles zu glauben, was er gelehrt wurde, hat sich eine Art geistiger Öffnung bewahrt. Eine Öffnung in die Welt des Wunderbaren, die uns alle täglich umgibt. So ein Mensch hat andere Augen. Er sieht mit seinen inneren Augen, er sieht mit seinem Herzen. Sein Kopf und sein Denken sind ihm nicht so wichtig. Er macht sich nichts daraus, nicht als gelehrt zu gelten. Er weiß es besser. Er weiß, dass die Wirklichkeit ein anderes Gesicht trägt, als die Welt ihm vorspiegeln will. Er hat eine innere Verbindung mit den Kräften des Wunderbaren und damit auch mit den Kräften des Himmels. Es ist gut, sich mit einem solchen Wesen anzufreunden. Es tut gut, von einem solchen Wesen geleitet zu werden.

Der Weg zurück zum eigenen Wunder des Lebens verlangt manchmal auch Opfer. Der Mensch muss all die Bürden wieder abwerfen, die er sich selbst aufgeladen hat, in der Hoffnung, etwas Besonderes zu sein. Doch jeder Mensch ist bereits einzigartig. Er muss nicht sein Leben hingeben und das Geschenk seines Seins vernachlässigen, nur um einem Traum zu folgen, der keine wahre Erfüllung bringen kann.

Aber viele Menschen glauben, dass es nur dieses eine Leben gibt und dass sie sich deshalb so anstrengen müssen. Doch das stimmt nicht. Die Lebenskraft beziehungsweise die Kraft des Göttlichen und des Wunderbaren ist ewig. Sie wandelt sich stetig und nimmt dabei vielerlei Formen an, um sich auf diese Weise immer wieder neu zu verkörpern. Jede Seele hat somit unendlich viele Möglichkeiten, sich immer wieder neu zu erleben.

Das Geschenk, zu sein, birgt alle Erfüllung, die in dieser Welt möglich ist, in sich. Alles auf dieser Erde ist wunderbar und ein Teil des großen Mysteriums. Nichts ist ohne Sinn. Alles ist ein Teil des Ganzen. Alles gehört auf ewig zusammen.

Um ihr Leben als ein Geschenk des Himmels zu sehen, müssen die Menschen wieder lernen, ihre Augen und Herzen der Welt des Wunders und des Unsichtbaren zu öffnen. Sie müssen wieder lernen, den Kräften des Unsichtbaren zu vertrauen und ihre Ängste vor ihm abzulegen. Es ist ihre Heimat, aus der sie gekommen sind und in die sie zum rechten Zeitpunkt wieder zurückkehren werden.

Affirmation:

Ich besinne mich ernsthaft auf mein Leben... und erkenne, welches Geschenk mein Leben in Wirklichkeit ist. Indem ich mich innerlich der Welt des Unsichtbaren und des Wunderbaren öffne, beginne ich, mich an mich selbst zu erinnern. Indem ich das Geschenk meines Lebens mit anderen Menschen teile, teile ich auch mein Herz und meine Seele mit ihnen. So kann ich ihnen helfen, sich ebenfalls an ihr Geschenk des Seins zu erinnern.

Deine Seele hat Flügel, benütze sie!

Sobald ein Menschenkind wahrhaft erkennt, welche Kräfte in ihm wohnen, entdeckt es auch seine Seele und sein inneres Wesen wieder...

Die Kraft des Wunderbaren hat ihm einen Körper verliehen. Eine Seele braucht, um zu reifen, bestimmte Erfahrungen. Sie geht hier auf Erden in die Schule der irdischen Wahrnehmungen. Diese Verkörperung schenkt ihr Reife und ein größeres Verständnis des Göttlichen.

Doch es gibt Augenblicke, da beginnt sich der Mensch in alle möglichen Dinge und Probleme zu verstricken. Er beginnt zu glauben, dass seine Geschichte hier auf Erden, seine einzige Wahrheit sei. Er denkt, seine Rolle in diesem Leben sei seine einzige Wirklichkeit. Dem ist nicht so.

In einem solchen Moment ist es für die Seele wichtig, ihn an seine wahren Aufgaben zu erinnern. Sie muss ihn an ihre Flügel erinnern. Mit diesen Flügeln kann sich jede Seele in den Himmlischen Raum erheben und die Fesseln der Materie für eine Weile hinter sich lassen. Dies ist für jede Seele auf Erden wichtig, denn sie hat auch die Aufgabe, die Balance zwischen dem Verkörperten und Unsichtbaren zu halten.

Der sichtbare Körper jedes Menschen ist das Vehikel seiner Seele. Sie benötigt ihn, um hier auf Erden zu leben. Ohne einen Körper könnte sie nicht die Erfahrungen machen, die sie braucht, um ihre Mission hier auf Erden zu erfüllen. Doch wenn sich die Seele des Menschen nachts in seinen Träumen erhebt, braucht sie ihren irdischen Körper nicht mehr. Dann kehrt die Seele heim, in die himmlischen Gefilde, in ihre wahre Heimat. Dort erholt sie sich, träumt und schöpft neue Kräfte, die sie hier auf Erden dringend auf ihrem Weg braucht.

Ein großer Irrtum der Menschen besteht darin, dass sie ihren Körper für die einzige Wirklichkeit halten und sich selbst als getrennt von allen anderen Körpern sehen. Deshalb entstehen so viel Angst und Feindschaft unter ihnen. Wenn sie sich erinnern würden, weshalb sie hierher gekommen sind, wäre vieles für sie einfacher.

Deshalb ist es für jeden Menschen so wichtig, sich an die Flügel seiner Seele zu erinnern... Seine Seele lebt nicht nur in einer eindimensionalen Welt. Die Welt der Seele kennt unendlich viele Dimensionen. Sie lebt mit vielen Dimensionen in innigster Verbindung und kann jederzeit in diese verschiedenen Dimensionen und Ebenen zurückkehren.

Die Seele jedes Menschen ist frei, ganz gleich, wo und in welcher Lebenslage er sich befindet. Die Seele führt ihn, wenn er auf sie hört, immer zum rechten Ort. Wenn er sich zu sehr verstrickt, hilft sie ihm, sich wieder zu befreien. Wenn sein Herz unglücklich ist, kann sie ihn sanft dem Licht der inneren Erkenntnis entgegenheben. Aber sie kann nichts gegen seinen Willen tun. Jeder Mensch muss selbst die Einsicht gewinnen, dass er seiner Seele vertrauen kann, weil er selbst diese Seele ist.

Die Flügel der Seele entfalten sich am leichtesten, wenn sich der Mensch nicht allzu viele Vorstellungen macht, wie die Dinge in seinem Leben zu sein haben. Je offener und flexibler er lebt, desto leichter ist es für seine Seele, ihren Höhenflug anzutreten.

In diesem Augenblick fühlt sich jeder Mensch in seinem Innersten emporgehoben. Seine Wahrnehmung und sein Geist klären sich, und er erwacht in einer neuen Dimension. Er beginnt sein Leben mit anderen Augen zu sehen und sich selbst neu wahrzunehmen. Der Höhenflug der Seele öffnet viele magische Pforten und Türen. Die wundervollen Erinnerungen an die Höhenflüge seiner Seele geben dem Menschen die Gewissheit, dass er auf dem richtigen Pfad ist. Sie geben ihm das Vertrauen, dass er innerlich immer mit seiner Seele verbunden ist.

Jeder Mensch hat die Gabe, die Flügel seiner Seele um Hilfe zu bitten, wenn er nicht mehr weiter weiß, denn dann braucht er Kraft, um sich wieder zu erheben. Die Flügel seiner Seele geben ihm diese Kraft. Er kann mit Hilfe dieser Flügel sein inneres Gleichgewicht und auch seinen inneren Frieden wiederfinden. Die Flügel der Seele, die ihn in schweren Zeiten immer wieder über sich selbst hinaustragen können, sind seine ewige Verbindung zu seiner himmlischen Heimat.

Affirmation:

Ich bin meine Seele. Ich erinnere mich an meine Flügel und an meine Freiheit. Ich lerne, mein Leben in dieser Welt zu ehren und bestmöglich zu leben. Ich lerne, die Flügel meiner Seele vertrauensvoll zu entfalten und richtig zu nutzen. Meine Seele leitet mich auf meinem Weg. Ich lerne, ihr mehr und mehr zu vertrauen und ihrem Rat zu folgen.

Wenn Du liebst, bist Du glücklich, wenn Du liebst, bist Du mit allem eins.

Jedes Wesen sehnt sich nach Liebe. Es kann ohne die Liebe nicht leben... Es braucht die Kraft der Liebe, um sich gesund zu entwickeln und hier auf Erden glücklich zu sein. Wenn ein menschliches Wesen innerlich einsam ist, hat es vergessen zu lieben. Die Kraft der Liebe ist ein Geschenk des Himmels, welches jedes Wesen in dieses Leben mitbringt. Doch leider wird dieses wunderbare Geschenk manchmal bereits in den Kindertagen verschüttet. Dies ist immer ein unglücklicher Umstand.

Ein Wesen, das keine Liebe in sich fühlt und deshalb auch keine Liebe geben kann, vertrocknet innerlich. Sein innerer Garten, in dem die herrlichsten Blumen erblühen könnten, wird nicht gewässert, er wird nicht gepflegt und kann nicht erblühen. Dieser Umstand ist die größte Armut, die es gibt. Dieses Wesen hat vergessen, weshalb es die Reise zu dieser Erde angetreten hat. Es hat vergessen, was es hier tun wollte. Es hat vergessen, was es ist...

Wie viele Menschen suchen die Liebe am falschen Ort?! Sie wollen andere Menschen dazu bringen, sie zu lieben, dabei haben sie für sich selbst keine Liebe in ihrem eigenen Herzen. Die Kraft der Liebe muss fließen, sie will sich verströmen und alles durchdringen, sie will immer in Bewegung sein.

Wenn ein Wesen sie innerlich festhält, indem es sich selbst vergisst und sich selbst verletzt, stagniert diese Kraft und wird zu einem faulen Tümpel. Die Liebe ist in der Welt der menschlichen Wesen wie Sauerstoff. Ohne diesen Sauerstoff kann kein Wesen existieren.

Doch die Menschen berauben sich selbst, sie nehmen sich selbst den Sauerstoff, der ihr Leben ermöglicht, und atmen dann eine Luft ohne Liebe.

Es ist immer sehr traurig, einem solchen Wesen zu begegnen. Es welkt von innen, und seine Augen sind trüb. Sein Herz ist schwer. Die Bürde, die auf ihm lastet, schwächt es immer mehr. Es kann nicht atmen, es kann sich nicht freuen, es kann nicht tanzen, ihm fehlt die Kraft der Liebe.

So einem Wesen kann jedoch geholfen werden. Doch zuerst muss es wieder beginnen, sich selbst zu mögen und sich selbst lieb zu haben. Ohne diesen Schritt geht es nicht. So ein Wesen muss lernen, sich zu beobachten und zu sehen, wie es mit sich selbst umgeht. Denn so, wie es mit sich selbst umgeht, geht es auch mit allen anderen Wesen in dieser Welt um. Wenn es dies begreift, kann es einen neuen Weg einschlagen.

Wenn ein menschliches Wesen sich lieb gewonnen hat und wieder entdeckt, dass die Kraft der Liebe in seinem eigenen Herzen wohnt und es selbst diese Liebe ist, verändert sich vieles ganz von selbst in seinem Leben. Doch dazu muss sich jedes Wesen zuerst die Erlaubnis geben. Es muss einsehen, dass die Kraft der Liebe immer frei ist und hingeht, wo immer sie will und gebraucht wird.

Die Kraft der Liebe ist eine verbindende und vereinigende Kraft, die auf vielen Ebenen gleichzeitig wirkt. Sie kommt immer aus dem Innersten jedes Wesens und strömt dann nach außen. Sie hat ihre ganz eigene Ausstrahlung und ist von allen Wesen fühlbar. Besonders die Tiere und die Pflanzen antworten auf die Kraft der Liebe. Sie neigen sich den Wesen zu, die diese Kraft aus ihrem Herzen heraus frei verströmen.

Ein Mensch, der liebt, ist glücklich, denn er fühlt sich in seinem Innersten mit allem und jedem durch sein eigenes Herz verbunden. Er spürt in sich selbst das Mysterium der Liebe, die alles in sich beinhaltet und nichts ablehnt. Es ist eine wundersame und magische Kraft, die ihm die Augen öffnet und sein ganzes Leben verwandelt.

Ein Mensch, der liebt, ist innerlich reich. Einem solchen Menschen kann nichts genommen werden. Solange er sich immer wieder an sein inneres Wesen erinnert und die Kraft der Liebe durch sein ganzes Wesen fließen lässt, herrscht in seinem Inneren ewiger Frühling. Liebe ist Wohl-Wollen. Sich selbst wohl zu wollen und auch allen anderen Wesen wohl zu wollen, ist Liebe. Sich selbst auszulassen, sich selbst nicht lieb zu haben, bringt allen Wesen Schmerz.

Ein Mensch, der liebt, ist frei. Seine eigene Liebe nährt ihn und bringt ihn innerlich zum Erblühen. Er kann seine Liebe frei mit anderen teilen. Er hält sie nicht fest. Er ist freundlich und liebenswert zu allen, denen er auf seinem Pfad begegnet, denn er sieht immer deutlicher, dass er sich in all den anderen Wesen immer wieder selbst begegnet.

Diese tiefe Einsicht lässt den Strom seiner Liebe jetzt noch stärker und klarer fließen. Die verbindende Kraft der Liebe wird zu seinem Lebenselixier, und seine Wahrnehmung und sein Bewusstsein verändern sich. In diesem Augenblick erfährt er sich nicht mehr als getrenntes Wesen, mit einem getrennten Körper und einem getrennten Geist, sondern als einen Teil des kosmischen Wunders der Himmlischen Einheit. Die Kraft der Liebe hat ihn heimgeführt.

Affirmation:

Ich erlaube mir, mein Herz der Liebe zu öffnen und mich an die Stärke meiner Seele und meines inneren Wesens zu erinnern und mich selbst auch lieb zu haben. Wenn ich meiner Liebe erlaube, auch nach außen zu strahlen, belebt sie nicht nur mein Herz, sondern auch die Herzen all derer, denen ich auf meinem Weg begegne. Dadurch heilt sie nicht nur mich, sondern hilft auch denjenigen, die ich mit dieser unendlichen Kraft liebevoll berühre. Ich bin in Wirklichkeit eins mit allem und damit auch mit der Kraft der Liebe und des Lebens.

Werde Dir darüber klar, was Du in Wirklichkeit suchst.

Die Menschen sind immer in Eile... Sie laufen und laufen. Ohne Ende und ohne Ruhe und sie glauben, dass ihr Leben so sein muss. Viele Menschen haben sich selbst vergessen und laufen vor sich selbst davon. Sie wissen nicht, wer sie sind, und wissen deshalb auch nicht, was sie in Wirklichkeit suchen...

Ihre Ziele sind Phantome. Einmal erreicht, geht das Laufen von neuem los. Nichts scheint sie zu erfüllen. Sie jagen und jagen. Sie jagen sich selbst und auch die anderen Menschen um sie herum, ohne Pause, und dann wundern sie sich, weshalb sie erkranken. Vielleicht wollen sie nichts in ihrem Leben verpassen. Wollen keine Gelegenheit auslassen, um ihre Ziele zu erreichen. Aber was ist ihr Ziel? Dieses Ziel und das nächste und das nächste... Was gibt es zu verpassen? Die Menschen scheinen auch das Erreichte nicht genießen zu können.

Es ist ein großes Laufen ausgebrochen auf dieser Erde. Ein Rennen, das viele Menschen erschöpft. Aber das geben sie nicht zu. Das wäre Schwäche, und dann würden wohl die anderen Wesen, die noch im Rennen sind, auf sie herabsehen. Dann laufen sie lieber mit, obwohl sie bereits müde sind. Die meisten Menschen rennen nicht, um des Rennens willen, denn sie genießen es nicht. Sie wollen immer etwas damit erreichen. Sie wollen immer etwas bekommen, obwohl sie nicht genau wissen, was ihnen fehlt. Doch je schneller sie laufen, desto weiter rücken auch ihre Ziele in die Ferne.

Es ist ein seltsames Spiel. Sie schaffen sich selbst ein Ziel, weil sie glauben, dass dieses Ziel die Befriedigung bringt, nach der sie sich innerlich so sehr sehnen, und dann machen sie sich auf und laufen ihr ganzes Leben darauf zu, ohne es jemals zu erreichen.

So verpassen sie den Augenblick, die einzige Wirklichkeit, die es in ihrem Leben gibt. Sie verpassen die duftenden Blüten, die am Wegrand stehen. Sie verpassen die Stille und Schönheiten der Natur, die sie umgeben. Sie verpassen sich selbst. Sie haben keine Zeit für andere Wesen. Keine Zeit für Spiel und Genuss. Sie sind ganz auf ihr Ziel ausgerichtet. Wenn sie dies erst erreicht haben, so glauben sie, können sie sich entspannen und glücklich sein. Doch dies geschieht nie. Der Kreislauf des Rennens bleibt in ihrem Bewusstsein erhalten, und sobald ein Ziel erreicht ist, kommt bereits das nächste...

Es ist gut, wenn sich die menschlichen Wesen darauf besinnen würden, was all diese Ziele, die sie zu erreichen haben, um endlich glücklich zu sein, wirklich bedeuten. Es ist für jedes Wesen notwendig, herauszufinden, was es in dieser Welt der Wandlung sucht. Dazu muss es innehalten. Dazu muss es sich selbst die Erlaubnis geben, innerlich still zu sein. Doch wenn so viele Wesen jagen und sich keine freie Minute gönnen, entsteht ein Sog.

Ein Mensch, der sich aus diesem Sog befreien will, muss viel Kraft besitzen. Er muss den Willen haben, sich nicht von diesem Strudel, der so viele andere erfasst hat, mitreißen zu lassen.

Dazu gehören viel Mut und auch das Vertrauen, seinen eigenen Weg zu finden. Jedes Wesen muss, um sich hier auf Erden zu verwirklichen und um glücklich zu sein, seinen eigenen Weg finden. Wenngleich alle Wesen, ob sie es wissen oder nicht, miteinander verbunden sind und ganz ähnlich empfinden, braucht jedes von ihnen die Freiheit, seinen eigenen Weg zu gehen, um seine eigene Erfüllung zu finden.

Deshalb ist es für jeden Menschen wichtig, sich darüber klar zu werden, *was* er hier auf Erden sucht und wie er seine Lebenskraft einsetzen und benutzen möchte. Das kopflose Rennen bringt ihn nicht weiter, denn es führt ihn immer weiter von sich selbst fort. Doch diese Wahrheit muss jedes Wesen für sich selbst entdecken.

Die Welt ist wie ein magischer Garten. Es leben unendlich viele Blumen, Gräser, Pflanzen, Bäume und Geschöpfe in ihm. Selbst die Steine und Felsen sind lebendig. Ihre Stimmen zu hören ist gar nicht so schwer. Es täte den Menschen gut, sich ein wenig auf die Kräfte der Natur, die sie umgeben, einzustimmen. Sie könnten auf diese Weise sehr viel lernen. Sie könnten zum Beispiel lernen, wann es gut ist, in Bewegung zu sein – und wann nicht.

Die Natur kann einem Menschen helfen herauszufinden, was er sucht. Sie kann ihm helfen, das Wichtige vom Unwichtigen zu trennen und seine Kräfte auf das Wesentliche zu lenken. Das Wesentliche eines Menschen liegt tief in seinem Inneren verborgen. Es ist sein Wesen und seine Seele, die Kräfte, die ihn auf diese Erde geführt haben. Nur die Seele weiß, was sie sucht und welche Aufgaben sie hat. Nicht der Geist des Menschen, denn der Geist und das Denken der menschlichen Wesen sind immer in Unruhe.

Wenn ein Mensch etwas tut, was für seine Seele und sein Wesen nicht gut ist, verschwendet er seine Lebenskraft. Für Menschen, die schwer arbeiten, um sich ihre Träume zu verwirklichen, und sich deshalb oft in Äußerlichkeiten verlieren, ist es notwendig, sich zu besinnen und auf die leise Stimme ihrer Seele zu hören. Erst wenn ein Mensch diese feine, leise Stimme in sich wieder vernimmt, weiß er, was er in Wirklichkeit sucht und wohin er zu gehen hat.

Affirmation:

Ich besinne mich auf mein Inneres und erfühle, was ich in Wirklichkeit suche und brauche.

Selbst wenn die Antwort unerwartet ist, habe ich die Kraft, sie nicht anzuzweifeln. Ich lerne, meine Gedanken von meinen Gefühlen zu unterscheiden und die leisen Regungen meiner Seele zu spüren. Ich bin bereit für eine Überraschung und habe das Vertrauen, meiner inneren Stimme zu folgen.

Erlaube Dir auch einmal die Freiheit, nichts zu tun.

Nichts zu tun, ist für die Menschen wesentlich schwieriger, als dauernd beschäftigt zu sein. Die Menschen sind fast ununterbrochen mit etwas beschäftigt. Immer seltener sehen wir sie tanzen und singen und einfach nur *sein*! Es gibt immer so viel zu tun... Sie müssen hierhin und dorthin. Sie müssen pausenlos für sich und ihre Familien sorgen, selbst wenn sie mehr als genügend haben, ruhen sie nicht. Selbst dann bleibt die Sorge groß, weil sie sich daran gewöhnt haben, sich ständig um etwas zu sorgen.

In ihrem Innersten sehnen sie sich nach Ruhe und suchen nach einer Antwort. Aber ihr andauerndes Beschäftigtsein bringt ihnen keine Ruhe und auch keine Antwort. Sie lassen sich keine Zeit, um eine Antwort zu finden. Es gibt immer Wichtigeres, das sie ablenkt und wegführt. Sie lassen sich gern ablenken, sie lassen sich gern zu etwas Unwichtigem verleiten, nur um ihre Zeit zu füllen. Es gibt eine große Angst unter den Menschen, einmal nichts zu tun, nichts zu unternehmen, nichts zu wollen oder zu erhoffen. Einfach nur hier zu sein und sich auf sein Leben zu besinnen.

Sich zu besinnen, ist eine große Kunst. Sie bringt innere und auch äußere Freiheit. Jeder Mensch kann, wenn er will, aus dem Rennen für eine Weile aussteigen. Er kann eine »Pause machen«, wie die Menschen gern sagen, denn selbst in einer Pause geht nichts verloren. Im Gegenteil, die Menschen können in einer Pause von aller Hektik neue Kräfte sammeln. Einsichten erwachen, und neue Wahrnehmungen sind möglich... Ein stiller Platz in der Natur, unter einem Baum oder in einer Blumenwiese, kann bereits das Wunder bewirken. Wenn die Menschen sich die Zeit nehmen würden, dies einmal auszuprobieren, bekäme ihr ganzes Leben eine andere Gestalt.

Doch viele von ihnen haben die Kunst des Nichts-Tuns seit ihren Kindertagen verlernt. Sie sind in ihren Betonburgen und Straßen gefangen. Sie haben keine Zeit, sich auf Berggipfel zu begeben oder durch Felder zu streifen. Sie haben keine Geduld, sich der Schönheit und der Magie der Natur hinzugeben.

Das Nichts-Tun hat unter den Menschen mit der Zeit einen schlechten Ruf bekommen. Einen Menschen, der nichts tut, nennen sie faul. Faul zu sein, ist für sie immer eine schlechte Angewohnheit. Es kann ihrer Meinung nach nie etwas Gutes und Schönes hervorbringen. Doch dieses Urteil kommt allein aus ihrem Denken und hat mit der Wahrheit des Lebens überhaupt nichts zu tun.

Die innere Freiheit, einmal nichts zu tun und nicht ununterbrochen etwas zu produzieren oder schaffen zu müssen, gleicht einem Sonnenstrahl, der auf die Seele des Menschen fällt. Er erhellt sein Gemüt. Er schärft den Geist. Er bringt Klarheit in das Wirrwarr der Gedanken. Die Fähigkeit, einmal Abstand zu nehmen, nicht immer mitzurennen und sich Zeit zu lassen, ist ein großes Glück und eine kostbare Gabe. Die Auswirkungen dieses Glücks sind im Leben der menschlichen Wesen auf Jahre hin fühlbar. Alles verändert sich, wenn die Menschen lernen, im

Gleichgewicht mit sich selbst und ihrer Natur zu leben.

In der Natur gibt es immer ein Gleichgewicht. Auch die menschlichen Wesen haben ein Gleichgewicht. Doch es scheint für sie schwierig zu sein, es zu sehen oder zu finden. Es ist ihr Hunger nach mehr und immer mehr, der sie weiter antreibt. Doch was immer sie erlangen, vergeht auch schnell wieder. Der Augenblick der Gegenwart kann sie nicht erfüllen, denn sie sehnen sich immer nach mehr. Es ist ihnen nicht klar, dass sie bereits alles haben, was sie brauchen. Sie wissen oft nicht, dass das Glück der inneren Erfüllung nicht weit ist.

Diese Einsicht kommt zu den menschlichen Wesen, die es sich erlaubt haben, still zu sein und sich Zeit für sich selbst und damit ihr Leben zu nehmen. Sie kommt zu den Menschen, die nach viel Schmerz und Sorge davon abließen, den vergänglichen Reichtümern dieser Welt nachzujagen, und die Muße fanden, sich auf ihr inneres Leben zu besinnen. Diese Menschen haben gelernt, mit dem zufrieden zu sein, was ihnen das Leben bringt. Sie haben gelernt, den Sonnenschein zu genießen, die Stille der Wälder und den Duft der Blumen. Sie fühlen mehr, sie sehen mehr, sie riechen mehr. Sie haben auf einer anderen Ebene zu leben begonnen. Sie haben für sich selbst eine neue Dimension ihres Daseins entdeckt und sind in das Wunder ihres Daseins eingetaucht.

Ein Mensch, der einmal seine innere Stille gefunden hat, kann immer wieder zu ihr zurückkehren. Er kann sie immer in sich selbst wiederfinden und durch sie frische Kraft tanken. Die innere Stille ist der Gegenpol zu aller äußeren Hektik im Leben der Menschen. Sobald dieses Gleichgewicht einmal gefunden ist, verläuft das Leben in einem wundervollen, harmonischen Rhythmus.

Doch davon kann man keinen Menschen überzeugen. Jedes Wesen muss selbst entdecken, wie gut es ihm tut, sich ab und zu von allem Äußerlichen für eine Weile zu lösen und das Denken zur Ruhe kommen zu lassen. In diesem Zustand lösen sich die inneren Verkrampfungen, die vielen Menschen das Herz beschweren. Die Sorgen lösen sich langsam auf, und sie erkennen, dass sie vieles, was sie belastet, immer wieder selbst erschaffen. Im Augenblick der inneren Entspannung erholt sich ihr Körper und ihre Seele atmet auf.

Der Mensch braucht die Stille, er braucht die innere Entspannung und ein Gefühl der

Loslösung, um gesund zu sein. Jedes Wesen hat die Kraft, seinen eigenen Lebensrhythmus und inneres Wohl zu finden. Doch es muss sich dazu die Zeit nehmen und vor allem die Wichtigkeit dieser Aufgabe erkennen. Es muss lernen, auf seinen Körper und sein Wesen zu hören, um seinem Leben das Gleichgewicht zu schenken, das es zu seinem inneren und äußeren Wohlbefinden dringend braucht.

Das bewusste Nichts-Tun kann für viele Menschen, die sich in ihrem Leben überlastet fühlen, eine magische Tür in die tiefe Entspannung und innere Losgelöstheit öffnen.

Affirmation:

Ich gebe mir ab jetzt die Erlaubnis, auch einmal nichts zu tun. Ich muss nicht ununterbrochen etwas tun, um mein Dasein zu rechtfertigen oder um etwas Besonderes zu sein. Durch den inneren Freiraum, den ich mir selbst schenke, wächst mein Verständnis und damit auch meine Fähigkeit, mein Leben mit mehr Einsicht und Liebe zu leben.

Rat kommt immer im rechten Augenblick.

Kommt Zeit, kommt Rat. Rat kommt, wenn die Menschen aufmerken und wach sind. Wenn sie bewusst sind, werden die Zeichen, die das Leben ihnen bringt, erhört, gesehen und erfühlt. Rat kommt immer im rechten Augenblick. Nicht gestern und nicht morgen. Aber dieser Augenblick ist so winzig und doch so unendlich...

Rat kommt leichtfüßig und ohne viel Lärm. Er kommt, wenn die Menschen innerlich still sind. Er kommt, wenn sie es am wenigsten erwarten und vielleicht schon aufgegeben haben. Er kommt, wenn das Wesen des Menschen auf die Stimme seiner Seele hört, sich über sich selbst erhebt und beginnt, alles in einem anderen Licht zu sehen. Oft muss er zuerst etwas begreifen, das sehr nahe liegt. Er muss sich aus seinen gedanklichen Verwirrungen befreien, indem er stillhält.

Doch die Menschen dürfen kein Bild in sich tragen, wie dieser Rat oder diese Zeichen auszusehen haben. Die Menschen müssen innerlich offen bleiben, um die Zeichen zu erkennen und richtig zu deuten. Das Leben hilft immer, es ist liebevoll und lässt niemanden allein. Wenn die Menschenwesen ehrlichen Herzens um Rat bitten, kommt dieser Rat auf schnellstem Weg zu ihnen. Er kommt auf Elfen- oder auch auf Engelsflügeln und manifestiert sich auf die unterschiedlichste Weise.

Selbst unscheinbare Raupen, wie auf diesem Bild, können Boten der unsichtbaren Welt sein. Sie leben in einer anderen Dimension und sind dem Himmel näher. In ihrer äußeren Gestalt mag die Raupe noch in ihrer alten Form stecken, doch ist sie bereits ein Schmetterling. Sie wird, wie die kleine Baumelfe auf diesem Bild, bald ihre Flügel entfalten und sich in den Himmel erheben.

Wir erinnern die Menschen auch in ihren Träumen an die Kraft, ihre eigenen Antworten zu finden. Wir wissen, dass die Menschen diese Kräfte besitzen. Doch sie müssen wieder lernen, sich auf diese Kraft zu besinnen. Das ist alles. Alles andere kommt dann ganz von selbst zu ihnen. Manchmal sehen wir sie mit gebeugten Köpfen und schweren Herzen, in ihren Steinschluchten hin und her laufen. Kein Wunder, dass sie nichts sehen können. Um zu sehen, wo er hingeht, muss der Mensch seine Augen offen halten. Doch die Menschen blicken, wenn sie Hilfe suchen, meist auf die Erde und nicht in den Himmel. Sie glauben nur an das, was sie sehen und anfassen können.

Wenn ein Mensch erst einmal sieht, wie viele seiner Sorgen und Probleme er sich immer wieder selbst erschafft, indem er sich seinem Lebensstrom entgegenstellt und ihn bekämpft, verändert sich das ganze Bild.

Dies ist ein sehr befreiender Augenblick in der ewigen Gegenwart seines Daseins. Er lacht, und seine Augen werden klar. Er sieht jetzt deutlich, dass all seine Sorgen nutzlos waren. Sie konnten ihm nicht helfen, die Wahrheit hinter seiner Sorge zu sehen.

Alle Schleier haben sich aufgelöst. Sein Geist ist still und wird nicht mehr von seinen Gedanken hin und her gezogen. Im Augenblick der

Ruhe erkennt er den tieferen Sinn der Botschaften, die ihm sein Leben bringt. Man benötigt nur etwas Geduld und Vertrauen, um auf den Rat zu warten, der die Türe zu einer neuen Form der Wahrnehmung öffnet. Doch dies ist niemals eine verlorene Zeit. Es ist für einen Menschen, der diesen Kreislauf zu verstehen beginnt, notwendig, sich die Zeit zu nehmen, die er braucht, um das Verständnis der Kraft, die in ihm lebt, zu vertiefen. Es ist wie das Wiederfinden eines Schatzes. Eines Schatzes, der auf lange Zeit verborgen war. Wenn der Schatz einmal gefunden ist, vergisst er ihn nie wieder.

Auch wir Elfen und Feen haben einen herrlichen unterirdischen Schatz. Einen strahlenden Kristall, der ein silbernes Licht verbreitet. Wenn wir uns auf unsere neuen Aufgaben einstellen wollen, besuchen wir den großen Kristall der Weisheit. Sein Licht senkt sich in unser Wesen und gibt uns die Kraft, unsere vielfältigen Aufgaben zu erfüllen.

Manchmal kommen menschliche Wesen zu uns, die ihre irdische Hülle verlassen haben. Solche Wesen haben sich schon in ihrer Erdenzeit nach unserer Welt gesehnt und sie herbeigewünscht. Ihre Seele schwingt in Harmonie mit der unseren. Ihre Seele verbindet sich mit der unseren, und dadurch werden wir für sie sichtbar. Jetzt haben auch sie die Gabe, anderen Menschen auf ihrer Suche nach Rat zu helfen. Ihre Seele berührt die Herzen der Menschen mit großem Mitgefühl. Sie stärkt in ihnen das Vertrauen, dass das Leben immer einen Weg findet, um ihnen weiterzuhelfen, und dass es immer eine Stärke ist, sich dem eigenen Leben anzuvertrauen und es um Rat zu bitten. Es ist eine große, innere Stärke, um Rat und Hilfe zu bitten. Kein Wesen sollte einem anderen diese Hilfe verwehren.

Solche Menschen haben deshalb auch die Kraft und die Weitsicht, anderen Wesen zu helfen. Sie haben die Aufgabe, sich mitzuteilen und anderen den Weg zu weisen. Sie haben die Kraft, in anderen Wesen das Vertrauen zu erwecken, dass das Leben ihnen beisteht, und sie daran zu erinnern, dass es sie durch seinen liebevollen Rat leitet und beschützt.

Jetzt liegt es an jedem Menschen selbst, den Rat, den das Leben durch seine vielen sichtbaren und unsichtbaren Hände zu ihnen bringt, auch anzunehmen. Der Rat und die Zeichen, die das Leben bringt, sind für diejenigen, die sehen gelernt haben, immer sichtbar.

Affirmation:

Ich lerne, die Zeichen zu erkennen, und folge dem Rat, den mir mein Leben bringt. Ich öffne mich auch der Möglichkeit, dass dieser Rat manchmal aus den seltsamsten Quellen zu mir kommen kann. Damit lerne ich, die Zeichen meines Lebens und mich selbst mit neuen Augen wahrzunehmen. Wenn ich dem Rat meines Lebens mit Vertrauen folge, öffnet sich mein Weg auf harmonische Weise und ich werde mit einem Gefühl der inneren Geborgenheit beschenkt.

Unschuld sieht immer noch mit den Augen des Wunders...

Die sichtbaren Pforten zum Mysterium des Lebens sind die Augen der Menschen. Wenn die menschlichen Wesen klein sind, sehen sie eine vollkommen andere Welt als diejenigen, die bereits groß sind. Es ist noch eine Welt voller Wunder, eine Welt voller Überraschungen und herrlicher Dinge. Eine Welt, in der wir Elfen und Feen ein- und ausgehen und mit den Menschenkindern spielen.

Doch diese Gabe, das Leben als Wunder zu sehen, geht leider später oft verloren. Deshalb versuchen wir, die Menschen immer wieder an das Wunder ihres Daseins zu erinnern. Manchmal lassen wir einen besonders hellen Sonnenstrahl vor ihren Augen tanzen. Manchmal machen wir uns sichtbar, um sie zu überraschen und aus ihrer erstarrten Lebensweise wachzurütteln.

Der kleine Blumenelf auf dem Bild sieht mit den Augen des Wunders. Seine Augen sind offen. Er hat nicht gelernt, alle Dinge beim Namen zu nennen. Er lebt noch in der Welt des Wunders, wie alle Elfen und Feen. Er lebt noch in seinem himmlischen Bewusstsein der Unschuld, wie alle kleinen Menschenkinder. Der kleine Blumenelf sieht die Welt mit klaren Augen. Sie spiegeln ihm die Wirklichkeit der Welt wider. Eine Welt der Schönheit, eine Welt des Friedens, eine Welt voller Wunder. Der kleine Blumenelf erinnert die Menschen an diese Wahrheit. Er hilft den Menschen, sich wieder an ihre eigene innere Unschuld zu erinnern und sich der Kraft des Wunders ihres Lebens anzuvertrauen.

Es ist für das Glück der Menschen notwendig, von Zeit zu Zeit zu dem himmlischen Bewusstsein ihrer Kindertage zurückzukehren. Innerlich ist es für sie wichtig, sich an diese wundersame Zeit zu erinnern und daraus frische Kräfte zu schöpfen. Auch wenn sie im äußeren Leben manchmal schwere Wege gehen, bleibt doch die Erinnerung an diese Zeit in ihnen auf immer lebendig.

Sie können den äußeren Verlauf der Veränderung nicht verhindern, aber sie können die Magie der inneren Unschuld und des Wunders in ihren Seelen bewahren. Es ist diese Unschuld, die den Menschen die Fähigkeit gibt, sich auf das Wunder ihres Lebens zu besinnen. Dann empfinden die Menschen mehr Glück und Zufriedenheit und denken mit Dankbarkeit an ihre himmlischen Wurzeln zurück. Und wenn es einmal Zeit ist, dorthin zurückzukehren, lassen sie auch mit Zuversicht und Vertrauen von dieser Welt los.

Wenn es einem Menschen gelingt, auch im Alter zu den Wurzeln seiner Kindheit zurückzufinden, empfängt er das Geschenk des Wunders. Er beginnt sein Leben wieder mit den Augen der Unschuld zu sehen. Er erkennt, dass alles nur ein Traum war. Er hat seine wahre Heimat nie verlassen. Im Augenblick der ewigen Gegenwart erkennt er seine Seele wieder. Dann weiß er, dass er alles ablegen kann, was seinen Weg erschwert, und findet zurück zu seinem Kind-Sein, zu dem Bewusstsein, welches er vor seiner Geburt besaß.

Er erinnert sich an seinen Wunsch, in diese Welt einzutreten und, wie die Menschen es nennen, »geboren zu werden«. Doch im Augenblick seiner körperlichen Geburt verliert er das Bewusstsein von dem, was vorher war. Das ist der Preis. Er verliert die Erkenntnis der ewigen Gegenwart und findet sich in einer imaginären Welt der Zeit und des stetigen Wandels auf dieser Erde wieder.

Manchmal benötigt man ein ganzes Menschenleben, um in die Gegenwart der Ewigkeit und der inneren Unschuld zurückzukehren. Aber die irdische Zeit ist dabei nicht so wichtig. Es genügt, wenn sich ein Mensch an sich selbst erinnert, wenn er sich daran erinnert, dass er selbst aus der unsichtbaren Welt kommt. Wann er dies tut, spielt keine so große Rolle im Raum der Ewigkeit – wichtig ist, dass er es tut.

Jeder Mensch hat die Gabe, sich an sein inneres Kind und seine innere Unschuld zu erinnern. Sein inneres Kind ist immer mit ihm, auch wenn er erwachsen wird. Die Stimme des Kindes ist die Stimme seiner Unschuld, die Stimme des Wunders in dieser Welt. Die Stimme der Unschuld dringt zu den Menschen aus der Welt des Unsichtbaren und erinnert sie an den Teil in sich selbst, der diese Unschuld auf immer verkörpert.

Ganz gleich, wie viele Erfahrungen ein menschliches Wesen macht und durch wie viele schwere

Tage es gehen muss, die Stimme seiner inneren Unschuld ist immer in ihm lebendig. Es kann sie erhören und es kann wieder beginnen, mit den Augen der Unschuld zu sehen. Selbst wenn sich ein Mensch in einer schwierigen Lage befindet, hat er die Kraft der Unschuld immer in sich. Sie kann ihm helfen, zu sich zu finden und die richtigen Entscheidungen zu treffen. Sie kann ihm helfen, die Dinge zu sehen, wie sie sind, und nicht, wie sie sein sollten. Sie kann ihm dabei helfen, seine innere Wahrheit zu finden und seinem Leben seinen wahren Sinn wiederzugeben.

Affirmation:

Ich möchte mein Leben wieder mit den Augen des Wunders sehen. Ich bitte um die Kraft, dem Wunder meines eigenen Lebens zu vertrauen und mich von ihm leiten zu lassen. In der Erinnerung an die Unschuld meines inneren Kindes finde ich heim zu mir selbst und kann meine eigene Wahrheit entdecken und leben.

Gib Dir die Erlaubnis, Dich immer wieder neu zu entdecken...

Viele Menschen denken, sie müssten etwas ganz Bestimmtes im Leben darstellen. Sie schaffen sich bestimmte Masken und spielen bestimmte Rollen und glauben dann, diese Masken oder Rollen seien ihr ganzes Leben. Von dieser Art, zu sein, lassen sie nicht gern los, und das führt sie oft ins Unglück.

Doch das menschliche Wesen hat vielfältige Möglichkeiten. Alles kann sich verändern, alles kann sich wandeln, alles kommt und geht. Nichts ist erstarrt, nichts bleibt gleich, alles ist in Bewegung, alles ist lebendig und verwandelt sich stetig.

Ein Mensch kann ein ganz neues Dasein beginnen, wenn er aus der Starre seiner Rollen erwacht, die sein Wesen gefangen halten. Es ist die Starre des Gewohnten, des Bekannten und der falschen Sicherheit, der er wieder entkommen muss. Die Menschen sind hier in dieser Welt, um sich auf vielen Ebenen zu erfahren, aber wenn sie nur an einer Ebene des Seins festhalten, spüren sie niemals die Vielfalt, die in ihnen wohnt.

Es ist die Vielfalt der Veränderung und des Wandels, welche die Leichtigkeit des Glücks mit sich bringt. Der Mensch hat die wundervolle Gabe, sich in allen Dingen der Natur selbst wiederzufinden. Doch zuvor muss er wissen, dass er mit allem um sich herum verbunden ist. Das ist ein großer Schritt.

Die kleine Blumenelfe auf dem Bild macht gerade die Bekanntschaft einer Libelle, die am Rande einer blauen Blüte sitzt. Die Kraft des Lebens, die in beiden zu Hause ist, erkennt sich selbst in einer anderen Form und in einem anderen Körper wieder. Die kleine Blumenelfe sieht sich selbst als Libelle. Die Libelle sieht sich als kleine Elfe. Sie vereinigen sich innerlich und werden eins. Sie erfahren sich in einer anderen

Form. Sie entdecken sich gegenseitig neu. Auch die Menschen können sich immer wieder aufs Neue selbst entdecken. Sie dürfen ihre Masken ablegen, ihre Rollen vergessen und das sein, was sie in Wirklichkeit sind: Kinder des großen Mysteriums. Sie brauchen die Empfindung des Wiedererkennens, um glücklich zu sein. Die Empfindung des Glücks kommt durch die innere Kraft des Menschen, sich selbst immer wieder neu zu entdecken und die Grenzen, die er sich selbst gesetzt hat, hinter sich zu lassen.

Doch die Angst der Menschen, die sie dazu bringt, alles festzuhalten, ist stark. Sie halten lieber an ihren Rollen fest, als sich die Gelegenheit einer Neuentdeckung zu geben. Wer weiß, so denken sie, vielleicht bringt das Neue doch nicht das Erhoffte oder etwas Besseres mit sich. Deshalb verleiten wir die menschlichen Wesen gern zum Spiel. Wenn sie spielen, werden sie wieder wie Kinder und vergessen ihre Masken. Wenn sie sich erlauben zu spielen, öffnet sich ihr Herz und sie nehmen ihre Umgebung mit neuen Augen wahr und verlieren ihre Angst.

Wir erinnern die Menschen daran, dass sie den Mut in sich haben, sich neu zu sehen und sich immer wieder neu zu erleben. Das Neue macht Angst, das wissen wir, aber es gibt in Wirklichkeit nichts zu verlieren. Alles, woran ein Mensch festhält, wird ihm eines Tages genommen. Das Leben verändert sich ständig, es entdeckt sich immer wieder neu. In dieser oder jener Form, hinter diesem oder jenem Menschen, lebt dieselbe Kraft. Es ist die Kraft, die auch uns Elfen und Feen erschaffen hat. Es ist die himmlische Kraft des Mysteriums, in dem wir alle leben.

Die Menschen könnten mehr Freude und Liebe fühlen, wenn sie sich selbst die innere Erlaubnis gäben, sich immer wieder auf spielerische Weise neu zu sehen. Doch die Menschen wollen sich immer sicher fühlen. Das Wagnis, sich neu zu entdecken, ist für viele wie ein drohender Winterhimmel. Der Mensch ist unsicher, er weiß nicht, was kommt, er weiß nicht, was geschieht...

Aber gerade dann ist es wichtig, die Angst vor dem Unbekannten zu umarmen, denn es ist dieselbe Kraft, die den Menschen Mut für jede Neuentdeckung ihres eigenen Wesens gibt. Auch auf der Ebene der verschiedenen Formen und Kräfte ist nichts getrennt. Sich in einem anderen Wesen wiederzuerkennen, ist ein Teil des großen Mysteriums. Dadurch lehrt das große Mysterium des Lebens alle Wesen, die es auf dieser Erde gibt, die göttliche Einheit des Seins.

Affirmation:

Ich lerne, mich zu entspannen und meine Masken zu vergessen. Ich erlaube mir, mein Wesen immer wieder von neuem zu entdecken und mein Leben auf allen Ebenen zu bereichern. Ich finde mich selbst in der Fülle der Natur und allem Leben wieder. Wenn ich mich auf diese Weise finde, fühle ich mich glücklich und geborgen.

Wissen kommt aus dem Äußeren, Weisheit entspringt dem Inneren.

Wenn die Menschen zwischen dem Wissen und Verständnis ihrer äußeren Welt und der Weisheit ihrer intuitiven, inneren Welt ein Gleichgewicht fänden, stünde ihrem Wohlbefinden nicht viel im Weg.

Doch sobald sie in diese Welt kommen, werden sie nur in das äußere Wissen der Welt eingeweiht. Sie beginnen viel zu lernen und haben immer weniger Zeit für sich selbst zur Verfügung. So beginnen sie ihre innere Welt langsam zu vergessen...

Es gibt dann nur noch das Äußere, es gibt nur noch das, was sichtbar ist. Sie schauen nicht mehr in ihr Inneres. Sie beginnen es zu verleugnen und sehen nur noch auf die Äußerlichkeiten ihres Lebens. Sie verlieren sogar manchmal ganz den Glauben an ihr Inneres und denken, ihr Alltag sei ihre einzige Wahrheit.

Selbst wenn ein Mensch in die Natur hinaus geht, ist er oft in seinen Gedanken weit fort. Er ist nicht, wo sein Körper ist. Das macht ihn mit der Zeit müde und traurig. Er kann keine neuen Kräfte schöpfen und verliert die Fähigkeit, sein Inneres aufzusuchen.

Die Kraft der Weisheit lebt im Inneren der Menschen. Um zu ihr zu gelangen, muss ein Mensch lernen, sein äußeres Wissen für eine Weile hinter sich zu lassen. Er darf es nicht mehr ganz so wichtig nehmen und muss sich stattdessen nach innen wenden. Er muss sein irdisches Wissen nicht ablehnen, denn er braucht es während seiner Zeit auf dieser Erde. Er soll es nur nicht zu seiner einzigen Wahrheit erheben und glauben, dass dies das einzige Wissen ist, das es gibt.

Die Menschen brauchen ihr äußeres Wissen, um sich auf dieser Erde zurechtzufinden und für sich selbst und ihre Familien zu sorgen. Doch wenn sie zu ihrem Innersten heimkehren, können sie alles für eine Weile hinter sich lassen. Die Werte des äußeren Lebens gelten nicht in der inneren Welt. Die Kraft der inneren Weisheit, die langsam im Wesen der Menschen heranwächst, wartet auf ihre Entdeckung. Die Welt des Inneren blickt mit weisen Augen auf das Wissen der Menschen. Es blickt mit Güte und Mitgefühl auf all die Nöte und Schmerzen, welche sich die Menschen durch ihr eigenes Unverständnis immer wieder selbst erschaffen. Jedes menschliche Wesen hat die Gabe, sich auf die Weisheit seines Innersten zu besinnen und die Kraft dieser Weisheit auch in sein äußeres Leben fließen zu lassen, doch es braucht das Vertrauen, die Erkenntnis der inneren Weisheit anzunehmen und zu leben.

Jeder Mensch kann sich an seine innere Weisheit erinnern, die schon seit ewigen Zeiten in ihm wohnt, wenn er das wirklich möchte. Er muss dabei seine Sinne und seine Aufmerksamkeit für eine Weile von der äußeren Welt lösen und auf sein Innerstes richten. Im Licht der inneren Weisheit erkennt er die Muster seines Lebens und sieht, was er verändern muss, um glücklicher und zufriedener zu sein. Er lernt sein Gleichgewicht zu finden zwischen dem, was er für sein äußeres Leben braucht, und dem, was für sein Inneres wichtig ist. Sein Inneres nährt ihn, sein Inneres hält ihn am Leben, sein Inneres ist die Wurzel.

Der Preis der inneren Weisheit ist in diesem Augenblick das Wissen der äußeren Welt. Er kann nicht beides zur selben Zeit haben, doch er kann beides im rechten Augenblick nutzen lernen.

Durch die Kraft der Aufmerksamkeit kann der Mensch immer zwischen diesen beiden Polen hin- und herpendeln. Wenn er seinen äußeren Tätigkeiten nachgeht, muss er sein äußeres Wissen einbringen und sich darauf verlassen können. Doch wenn er nach Hause kommt oder einen Spaziergang macht, hat er die Gelegenheit, die Beengungen des äußeren Lebens und all seine Gedankenformen hinter sich zu lassen und sich auf den weiten, offenen Raum seines Inneren zu besinnen und in ihn einzutauchen. Im Raum seines Inneren berührt er sein Wesen und die Weisheit, die immer in ihm ist. Dadurch gewinnt er neue Einsichten und den Abstand, den er immer wieder braucht, um mit Freude in der äußeren Welt zu leben.

Sich nur auf äußeres Wissen zu verlassen genügt dem inneren Wesen der Menschen nicht.

Sie müssen deshalb immer wieder einen Weg zur Quelle ihrer inneren Kraft und Wurzel ihrer Weisheit finden.

Diesen Weg muss jeder Mensch selbst für sich finden. Doch sobald er diesen Weg einmal entdeckt hat, breitet sich ein wunderbares Gefühl des Gleichgewichts in ihm aus. Sein Wesen und sein Geist entspannen sich. Er weiß jetzt, dass die Antworten, die er sucht, in ihm selbst zu finden sind.

Affirmation:

Ich lerne, mein äußeres Wissen richtig zu nutzen und meiner inneren Weisheit zu folgen. Mein äußeres Wissen hilft mir, in der Welt zu sein, meine innere Weisheit nährt mein Wesen und meine Seele. Wenn ich im Gleichgewicht bin, kann ich beide Kräfte positiv leben.

Alles in der Natur besitzt eine besondere Heilkraft, entdecke Du auch die Deine...

Die Kräfte der Natur sind unendlich und wunderbar. Diese Kräfte sind überall wirksam und spürbar. Der Mensch vergisst dies manchmal, er vergisst, dass alle Medizin aus der Natur kommt. Er vergisst, dass er selbst seine eigene Medizin und die Kraft der Heilung in sich trägt.

Das Wissen um die heilenden Kräfte der Natur war in alten Zeiten klarer als heute. Die Menschen wussten, welche Pflanzen ihnen halfen. Sie wussten, wie man diese Pflanzen zubereiten musste, um ihre Heilkräfte freizusetzen. Sie wussten, besser als heute, wie sie zu ihrer eigenen Heilung beitragen konnten.

Jeder Mensch trägt die Fähigkeit in sich, die eigene Heilkraft zu finden. Ganz gleich, ob er sie nutzt oder nicht, jeder Mensch besitzt heilende Kräfte. Er kann sich selbst helfen – oder auch schaden. Es kommt auf seine Ausstrahlung an. Auf die Strahlung und Schwingung seiner Kräfte und wie er diese Kräfte einsetzt. Wenn er unglücklich ist, verdunkelt sich sein Herz. Es kann keine lichten Strahlen aussenden. Seine Gedanken werden trübe und sein Gang schwer. Seine Schultern fallen nach vorne, und sein Gesicht senkt sich dem Boden zu. Er sieht den Himmel nicht mehr.

So ein Mensch hat seine eigene Heilkraft vergessen. Er denkt, alles käme von außen auf ihn zu, alles geschehe nur durch äußere Einflüsse. Er glaubt nicht mehr an seine eigene Kraft. Er hat vergessen, dass auch er ein göttliches Wesen des großen Mysteriums ist und dass ihm dieses Mysterium viele Gaben auf seinen irdischen Weg mitgegeben hat.

Das lichte Wesen eines anderen Menschenkindes kann einem solchen Menschen manchmal helfen. Es kann ihm zeigen, dass er nicht verloren ist, indem es ihm die helle Strahlung seines eigenen Herzens offenbart und ihn mit seiner Liebe umhüllt und heilt. Nur ein sehr selbstloses, unschuldiges Wesen kann dies jedoch bewirken. Ein Menschenwesen, das seine eigenen Heilkräfte entdeckt hat und sie liebevoll einsetzt, kann Wunder bewirken. Durch seine feine Ausstrahlung der Liebe und Güte kann es zerrissene Herzen wieder zusammenfügen und verwirrte Geister klären. So ein Mensch kann sich selbst und anderen Wesen unendlich viel Gutes tun, denn er hat erkannt, wie wichtig seine eigene Kraft der Heilung für ihn selbst und auch andere ist.

Jedes menschliche Wesen hat die Kraft zu helfen und zu heilen. Aber es hat auch die Kraft zu zerstören. Deshalb ist es so unendlich wichtig, dass sich die Menschen auf ihre heilenden Kräfte besinnen und sich daran erinnern, dass diese Kräfte nicht nur sie selbst, sondern auch andere berühren können.

Auf einer feineren Ebene der Wahrnehmung, auf der wir Elfen und Feen zu Hause sind, sind diese Zusammenhänge klar. Wir sind tief mit allen Kräften der Natur verwoben und verbunden. So können wir sie nutzen und für sie sorgen. Alles durchwirkt und durchströmt einander.

Die Menschen leben nicht, wie sie oft glauben und denken, getrennt voneinander. Sie leben mit allem um sie herum in tiefer Verbindung, auch wenn diese Verbindung von den meisten von ihnen nicht bewusst wahrgenommen wird.

Ein Mensch, der seine innere Natur und deren Heilkraft erkannt hat, ist unserer Schwingungsebene sehr nahe. Er könnte, wenn er wollte, sogar unser unsichtbares Reich entdecken und sich auf unsere Schwingungsebene einstellen. Manche Wesen haben dies getan und sind verwandelt in ihre eigene Dimension zurückgekehrt. Das Wunder des Seins hat sie niemals wieder verlassen.

Sobald ein menschliches Wesen diese Brücke einmal überschritten hat, gibt es kein Zurück mehr in die Vergangenheit. Das Leben eines solchen Wesens wandelt sich vollkommen. Es hat jetzt die Fähigkeit, mit den Pflanzen zu sprechen, wie wir es tun, und deren Geheimnisse zu erfahren. Es hat jetzt die Gabe, die Kräfte der Natur zu erkennen und für die Gesundheit aller zu nutzen. So ein Wesen besitzt dann die Weisheit und die Einfühlung, auch anderen zu helfen ihre eigene Verbindung mit den Kräften der Natur wiederzufinden und auf heile Weise zu leben.

Affirmation:

Ich möchte mir selbst den Raum und die Zeit geben, mich auf einer tieferen Ebene der Wahrnehmung zu erfahren. Ich möchte die Heilkraft, die in mir wohnt, wieder entdecken und besser nutzen lernen. Ich möchte lernen, die Kräfte der Heilung in mein Leben einfließen zu lassen, sodass ich nicht nur mir selbst, sondern auch anderen Menschen mit meiner guten Schwingung helfen kann.

Das Gefühl der Geborgenheit ist ein Geschenk der Gegenwart.

Das Gefühl der Geborgenheit ist wundervoll! Auch wir Elfen lieben und fühlen diese Kraft, wenn wir auf den Gräsern schaukeln oder wie die kleine Elfe auf dem Bild in einer Walnussschale sorglos vor uns hin träumen und mit einem Kleeblatt spielen...

Das Gefühl der Geborgenheit ist ein Geschenk des Augenblicks. Es kennt kein Gestern und kein Morgen. Es kennt keine Zeit. Es kommt immer in einem Augenblick der Stille zu den Menschen. Wie ein feiner, zarter Frühlingswind umspielt es ihr Wesen und gibt ihnen ein Gefühl der Sicherheit und der Zufriedenheit in ihrem Leben. Es öffnet ihre Herzen und lässt die Kraft ihrer Liebe frei fließen. Die Liebe zwischen den Menschen schenkt ihnen immer auch ein Gefühl der inneren Geborgenheit.

Wir beobachten gern junge Menschenkinder, besonders im Frühling, wenn die Natur erwacht und sie Hand in Hand durch die Wiesen spazieren und sich den goldenen Strahlen der Sonne hingeben. Dann leuchten ihre Augen ganz besonders hell. Dann wissen wir, dass sie sich geborgen und glücklich fühlen. Dann tanzen wir mit ihnen über die Felder und spielen mit ihnen. Sie sehen uns nicht, sie wissen nicht, dass wir um sie sind, doch das macht nichts. Wir freuen uns und tanzen mit ihnen!

Geborgenheit bedeutet, sich zu Hause zu fühlen. Zu Hause in der Welt, in der Natur und in sich selbst. Geborgenheit ist deshalb ein ganz himmlisches und wundervolles Gefühl. Wir alle sind geborgen, behütet und in Sicherheit. Damit verwandelt sich die Wahrnehmung des Lebens grundlegend. In der inneren Entspannung, welche das Gefühl der Geborgenheit mit sich bringt, finden die Menschen heim zu sich selbst.

Ein Menschenkind, das innere Geborgenheit empfindet, hat viel gelernt. Es hat gelernt, in der Gegenwart zu Hause zu sein. Seine Gedanken und Gefühle sind nicht mehr an seine Vergangenheit gefesselt. Sie schweifen auch nicht in eine unbekannte Zukunft ab. Dadurch wird es frei, in der Gegenwart zu leben.

Für den Menschen ist es jedoch oftmals schwer, in die Gegenwart zu kommen. Sie wollen viel, sie glauben, dass sie glücklicher sind, wenn sie mehr haben. Sie sammeln unendlich viele Güter um sich herum, die später zu ihrem Grab werden. In diesen Gütern erstickt ihre Seele. Mit großer Traurigkeit sehen wir zu, wie sie sich manchmal selbst zerstören.

Aber es muss nicht so sein. Ein Menschenwesen, das einmal das Gefühl der inneren Geborgenheit erfahren hat, lässt dann ab, vieles um sich herum anzusammeln. Es weiß, dass das Gefühl der Geborgenheit nicht von den vielen Dingen abhängt, die es hat. Es weiß, dass wahre Geborgenheit eine Kraft ist, die immer aus dem Inneren kommt.

Was die Menschen lernen müssen, ist in die Gegenwart zu kommen und in der Gegenwart zu leben. Die Menschen brauchen nicht viel dafür zu tun. Sie müssen lernen, weniger zu tun. Doch die Menschen glauben, dass ohne ihr Zutun nichts geschieht. Dabei geschieht alles ohne ihr Zutun. Das Leben und die Welt bestehen weiter, auch ohne das Zutun der Menschen.

Aber solange sie nur in ihren Gedanken leben, können sie den Sprung in die Gegenwart nicht schaffen. Man benötigt einen stillen, einen ruhigen Geist, um in das Wunder der Gegenwart einzutreten und das herrliche Gefühl der Geborgenheit kennen zu lernen. Das Gefühl der Geborgenheit ist immer ein Geschenk der Gegenwart. Es kommt aus der Dimension des Ewigen. Es ist ein Geschenk der göttlichen Kraft, die über das ganze Universum herrscht.

Ein Menschenwesen, das in den Schoß der göttlichen Gegenwart zurückgefunden hat, findet sich wahrhaftig im Paradies wieder. Alle Ängste um die Vergangenheit oder Zukunft fallen von ihm ab. Es sieht ganz plötzlich mit großer Klarheit, dass es in Wirklichkeit nur die Gegenwart gibt und dass diese Gegenwart ewig und unendlich ist.

Affirmation:

Ich will mich ganz bewusst dem Augenblick der Gegenwart öffnen. Wenn ich wirklich gegenwärtig und wach bin, kann ich auch das Geschenk der inneren Geborgenheit empfangen und mein Leben in seiner ganzen Fülle und Schönheit erleben. Wenn ich mich in meinem Leben geborgen und sicher fühle, kann die Kraft der Liebe frei aus meinem Herzen strömen und nicht nur mich selbst, sondern auch andere Menschen beglücken.

Die heilende Schwingung der Freude belebt und befreit Dein Herz.

Freude zu empfinden, ist ein ganz wundersames Gefühl, welches die Herzen der Menschen füreinander öffnet und sie befreit. Wenn ein Mensch bereit ist, sich den Schwingungen der Freude zu öffnen, verändert sich sein ganzes Empfinden. Sein Leben bekommt einen goldenen Schein, der hell leuchtet und andere Wesen anzieht. Ein Menschenkind, das der Freude in sich Raum gibt und ihr erlaubt, sich immer weiter auszudehnen, bis sie sein ganzes Wesen einhüllt, erhält ein wunderbares Geschenk.

Eines der größten Geschenke ist, sich bewusst zu werden, dass die Kraft der Freude von innen und nicht von außen kommt. Die äußere Welt ist herrlich und hat vieles zu bieten. Es macht den Menschen Freude, etwas zu gewinnen, etwas zu bekommen oder etwas Besonderes zu sein. Es macht ihnen Freude, ihre Wünsche in Erfüllung gehen zu sehen. Aber wenn der Grund für ihre Freude immer nur im Äußeren liegt, kann diese Freude auch jederzeit von außen zerstört werden.

Wahre Freude kommt aus dem Inneren, sie ist unendlich und immer da, nur oft versteckt und vergraben von zu vielen Sorgen und Gedanken. Die Menschen lieben es, ununterbrochen nachzudenken. Sie denken oft ruhelos und kennen kein Ende, weil sie glauben, dass ihr Denken ihr ganzes Sein ausmacht. In Wirklichkeit ist es genau umgekehrt. Das wahre Sein besteht aus der ewigen Kraft der Freude, die ein Mensch in sich trägt, nicht aus den vielen Gedankenkreisen, in die er sich immer wieder verstrickt.

Die heilende Schwingung der Freude befreit das Herz. Das Herz kann sich öffnen und die Schwingungen der Freude aussenden und empfangen. Ein Herz, das offen ist und keine Angst vor dem Leben hat, ist unermesslich reich. Es lebt aus seiner ganzen Fülle und kann nicht nur sich, sondern auch vielen anderen Wesen, die in der Dunkelheit umherirren, helfen. Die heilende Schwingung der Freude kann auf diese Weise wahre Wunder vollbringen. Sie kann heilen und alte Wunden schließen.

Die Menschen müssen sich erlauben, den Reichtum ihrer inneren Freude wiederzuentdecken. Sie suchen immer nur im Außen nach ihrem wahren Glück. Doch jeder weiß in seinem Innersten, dass es dort auf die Dauer nicht zu finden ist. Das Glück ist die Schwester der Freude. Sie kommen immer zusammen, sie sind niemals getrennt.

Zu tanzen und zu singen, sich mit der Natur zu vereinen, sich an ihr zu erfreuen und zu laben, wie die kleine Elfe auf der Blüte es tut, hilft, die innere Freude zu befreien. Wahre Freude ist grundlos, sie ist einfach da. Wie ein sanfter, weicher Frühlingswind streichelt sie das Herz der Menschen und bringt es in eine harmonische Schwingung. Es ist ein wundervolles Gefühl, welches die Seelen aller Wesen nährt.

Oft weiß ein Mensch nicht, dass auch seine Seele Nahrung braucht. Dann lässt er sie verkümmern und vertrocknen und empfindet keine Freude in seinem Leben. Die Nahrung der Seele ist die Freude des Herzens, die alle Wesen in sich haben, ob sie es wissen oder nicht. Manchmal bedarf es nur eines kleinen Anstoßes, um den Menschen zu zeigen, welch herrliche Kräfte sie in sich tragen. Und manchmal vergehen Jahre, bis ein Mensch das Vertrauen hat, seine innere Freude zu befreien und zu leben.

Es ist seltsam: Wir sehen so viele Gesichter, aus deren Augen die Hoffnung ihrer Seele schimmert und deren Herz doch schwer und dunkel ist. Es ist, als läge ein schwerer Stein darauf. Wir bitten sie, diesen Stein wegzurollen, damit die Kraft der Freude wieder frei fließen kann. Wir wollen den Menschen helfen, ihre innere Freude wiederzufinden. Die Freude an ihrem Leben, die Freude am Spiel, die Freude am reinen Sein. Wir wollen helfen, die Herzen der Menschen zu befreien, indem wir sie die Leichtigkeit lehren und sie an die Kraft ihrer inneren Freude erinnern, die in ihrem Innersten auf sie wartet...

Die Menschen sind hier auf dieser Welt, um ihre Freude zu spüren, sie sind nicht hier um zu leiden. Wie die kleine Elfe auf dem Bild breiten wir deshalb immer wieder unsere Arme aus und strecken sie den Menschen entgegen. Damit sie mit uns in die heilende Schwingung der Freude tanzen und wieder zu dem werden, was sie in Wirklichkeit sind.

Affirmation:

Ich will meine innere Freude wieder spüren und sie nicht mehr nur von meinem äußeren Leben abhängig machen. Ich kann die Türen meines Herzens öffnen und die Schwingung der Freude in mein Leben einladen und wieder lebendig werden lassen. Es ist niemals zu spät, um wieder zu lernen, wahre Freude zu empfinden!

Das Licht der Sonne gleicht dem Licht Deiner Seele, es scheint immer hell und licht.

Der Menschen Seele ist wie die Sonne, sie strahlt immer in hellstem Glanz. Das Licht der menschlichen Seele ist ewig. Niemand kann es fortnehmen oder verdunkeln. Doch die Menschen vergessen leicht, dass sie dieses ewige Licht in sich tragen...

Um sich zu erinnern, müssen sie die Kraft der Sonne und deren Licht wahrhaft sehen lernen, denn die Sonne spiegelt den Menschen die Kraft ihrer inneren Seele wider. Es ist nicht nur die äußere Sonne, die am Himmel strahlt. Es ist auch die innere Sonne, die ihr Licht abgibt und das Bewusstsein der Menschen erhellt.

Ein Menschenkind, das wie die kleine Elfe auf dem Bild sich den Strahlen der Sonne hingibt und die Helligkeit des Lichts in sich einfließen lässt, hat etwas Wichtiges verstanden. Es hat erkannt, dass die äußere Sonne ein Spiegel des inneren Lichtes ist. Ohne das Licht und die Wärme der Sonne gäbe es kein Leben auf dieser Erde, und ohne das Licht der Seele könnten sich die Menschen nicht verkörpern. Ihr Körper ist das Kleid ihrer Seele.

Eine Seele, die hier auf Erden leben will, muss einen Körper haben, um die nötigen Erfahrungen zu machen, die sie für ihr spirituelles Wachstum braucht.

Die Seele erwärmt die Menschen von innen her, durch ihr Herz. Wenn die Seele vergessen wird, scheint ihr Licht zwar immer noch hell, doch sie kann das Herz des Menschen nicht mehr richtig erwärmen. So ein Mensch hat wenige Gefühle. Er spürt zum Beispiel nicht, wie die Natur leidet. Er fühlt nicht, was seine Brüder und Schwestern empfinden. Er ist arm, arm, weil er sein eigenes inneres Licht vergessen hat und nun in der Dunkelheit herumirrt.

Das Glück zu haben, sich an sein inneres Licht zu erinnern, ist ein großes Geschenk. Leider wird es nicht allen Lebewesen zuteil. Doch es ist niemals zu spät. Das Leben bringt oft bestimmte Umstände, welche den Menschen helfen, sich an sich selbst zu erinnern, sich an das Licht zu erinnern, welches in ihnen wohnt und sie am Leben erhält und sie führt, wenn sie es erlauben.

Die Sonne hat die Kraft, diese Erinnerung zu fördern. Wenn ein Menschenkind bei Sonnenauf- oder bei Sonnenuntergang in die Natur geht, sich still hinsetzt und in die Sonne sieht, kann ein Wunder geschehen. In diesem Augenblick strahlt nicht nur das äußere Licht, sondern auch das Licht seiner Seele heller. Es verbindet sich mit dem äußeren Licht der Sonne und bildet einen Kreis.

Der Mensch hat in diesem Moment die Gelegenheit, die Einheit des Lichtes im Inneren wie im Äußeren zu erkennen. Ein solcher Augenblick hat die Kraft, sein Leben vollkommen zu verändern. Plötzlich sieht er mit ganz anderen Augen. Er sieht jetzt mit den Augen seiner Seele und mit den Augen seines Herzens, mit den Augen seines inneren Lichtes. Dieses innere Licht ist dann keine bloße Idee mehr, die manchmal wie eine Fata Morgana in seinem Kopf herumspukt. Das Licht wird zu seiner inneren Wahrheit.Doch die meisten Menschen sind fast immer beschäftigt. Sie suchen und wollen dauernd etwas. Sie wissen oft nicht, dass sie nur sich selbst suchen, während sie in der äußeren Welt ihre Reichtümer mehren. Sie wollen sich erfüllen und wissen oft nicht, dass sie die Erfüllung bereits in sich tragen. Die Erfüllung der Herzen der Menschen liegt in der Erkenntnis ihres inneren Lichtes. Sie liegt in der Erinnerung an das ewige Licht, das ihnen ihr Leben und ihr Sein auf dieser Erde schenkt. Die Schwermut, die viele Menschenherzen gefangen hält, kann sich in diesem Licht auflösen.

Nicht umsonst zieht es die Menschen zum Sonnenlicht. Ohne zu wissen warum, drängt es sie ans Licht. Es ist nicht nur, um sich darin zu baden und ihre Körper zu erwärmen. In ihrem Innersten erinnern sie sich an die Kraft des Lichtes. Es mag ihnen nicht sofort bewusst sein, doch es zieht sie immer wieder zu diesem äußeren Licht, weil es ihr inneres Licht widerspiegelt. Die Menschen können die äußere Sonne nutzen, um sich an ihre innere Sonne zu erinnern. Jedes Mal, wenn sie die Sonne sehen, können sie sich ein klein wenig an das Licht ihrer Seele erinnern...

Bis sie an einen Punkt kommen, an dem ihnen bewusst wird, dass sie selbst dieses Licht sind.

Die Erkenntnis des inneren Lichtes kommt manchmal so unverhofft, dass der Mensch zunächst wie geblendet ist. Es kommt wie eine strahlend helle Sternschnuppe, die mit rasender Schnelligkeit vom inneren Himmel fällt und deren Licht die Augen des Menschen vollkommen blendet. All seine vorsorglich zurechtgelegten Ansichten und Meinungen verblassen in diesem Licht. Sein Leben macht eine Wendung, die er sich niemals erhofft hat. Von diesem Augenblick an wird er sich immer an sein inneres Licht, an das Licht seiner Seele, erinnern. Dieses Licht hat keinen Anfang und kein Ende, es leuchtet in der Dunkelheit und am hellichten Tage gleich hell. Es kennt keinen Wandel und keinen Abschied. Es macht keine Unterschiede und urteilt nicht. Es ist das göttlichste Geschenk des großen Mysteriums, das jedes Lebewesen in sich trägt.

Affirmation:

Ich erkenne mein inneres Licht im Licht der Sonne wieder und kann mich auf diese Weise mit dem Licht meiner Seele vereinen. Das Licht der Sonne erinnert mich immer wieder an das Licht meiner eigenen Seele und erfüllt mein Leben mit frischer Kraft. Das Licht meiner Seele führt mich sicher durch mein Leben und geleitet mich nach Hause.

Was Du im Leben brauchst, kommt zu Dir, auch ohne Anstrengung.

Die Göttliche Kraft hat viele Hände. Sie erscheint in vielen verschiedenen Formen und hilft oft auf sehr geheimnisvolle Weise. Die menschlichen Wesen verwechseln oft ihre Wünsche mit dem, was sie wirklich in ihrem Leben brauchen. Das, was ein Wesen braucht, wird ihm immer gegeben. Es muss nicht lange warten – was es braucht, kommt zu ihm.

Doch meist strengen sich die Menschen gerade für die Dinge am meisten an, die sie wirklich nicht brauchen und die sie innerlich nicht erfüllen können. Sie verausgaben ihre Kräfte, nur um dann mit leeren Händen dazustehen und nicht mehr weiterzuwissen. Sie hatten sich doch alle Wünsche erfüllt! Aber um welchen Preis...

Wenn ein Menschenkind bereit ist, sich von seiner inneren Kraft leiten zu lassen, bringt ihm das Leben, was es braucht. Wenn es klug ist, wünscht es sich, was es braucht, und nicht, was es nicht braucht.

Doch um das herauszufinden, brauchen die Menschen oft viel Zeit. Manchmal ein ganzes Leben. Aber das macht nichts. Die Hauptsache ist, dass die Menschen sehen lernen, dass das Leben für sie sorgt. Sich anzustrengen, ist nicht immer hilfreich. Die Dinge geschehen zu lassen, zeigt mehr Verständnis, aber es ist oft viel schwieriger.

Die Menschen glauben, dass sie sich mit dem Einsatz ihrer Lebenskraft etwas Wichtiges erkaufen können: zum Beispiel Sicherheit, Geborgenheit und die Fähigkeit, die Lebensangst zu überwinden. Manchmal mag es sogar den Anschein haben, dass es gelingt. Aber es ist ein Irrtum. Ein Irrtum, den schon manches Wesen in tiefe Traurigkeit gestürzt hat. Die Unsicherheit und Angst werden trotz all der Anstrengungen, oder vielleicht gerade deswegen, oft noch größer. Die Kraft, dem Leben zu vertrauen, kann nur von innen kommen. Es bedarf keiner äußeren Anstrengungen, um diese wundervolle Kraft zu spüren. Sie kommt von innen her, wie ein Quell, der sich den Weg zum Licht bahnt. Aber es bedarf auch eines Gefühls der Hingabe in jedem Wesen, um diese Kraft auch zu verkörpern. Wenn ein Mensch sein Leben mit wachen Augen und offenem Herzen zu sehen beginnt, wandeln sich viele Dinge ganz von selbst. Es ist keine Anstrengung nötig, um sein inneres Wesen zu spüren und um sich innerlich erfüllt zu fühlen.

Alles, was es nötig hat, ist eine neue Art zu sehen. Alles, was ein Wesen tun kann, ist seine Seele zu bitten, ihm Klarheit und Einsicht zu schenken. Dann werden ihm viele Dinge, die vorher im Verborgenen lagen, offenbart. Dann beginnt ein Mensch, sein Leben als Wunder und nicht als Bürde zu sehen. Das Leben selbst kümmert sich um die Menschen. Wenn es nicht so wäre, gäbe es nichts. Dann würde nichts existieren. Das Leben selbst ist die Göttliche Kraft, die alles geschaffen hat und die sich um alles sorgt.

Es ist die Kraft, die alles durchwirkt und umhüllt. Es ist die Kraft, die alles wandelt und wieder zu neuem Leben erweckt. Es ist die Kraft

Gottes. Die Göttliche Kraft, die in Wirklichkeit keinen Namen hat und doch Alles ist. Sie sorgt für die Erde und all ihre Wesen. Sie sorgt für jeden kleinen Grashalm und jeden Käfer. Sie sorgt auch für alle menschlichen Wesen, wenn sie sich nicht wehren und etwas anderes wollen.

Wie die Fee auf der Blüte, welche die Regentropfen auffängt, können die Menschen lernen, die Geschenke, die ihnen vom Universum gegeben werden, zu empfangen und zu schätzen. Was sie wirklich brauchen, kommt dann zu ihnen, auch ohne Anstrengung.

Doch ihre Hände müssen leer sein, damit das Leben sie füllen kann. Einem Menschen, der immer volle Hände hat, kann nichts gegeben werden. Das ist eine wichtige Einsicht, an die man sich immer erinnern sollte. Wo kein Raum ist, kann nichts gegeben werden. Oder es wird gegeben, aber der Mensch ist sich nicht darüber bewusst, weil sein Leben so angefüllt ist mit Dingen, die seine ganze Aufmerksamkeit brauchen. Er sieht dann nicht, dass das, was er wirklich braucht, bereits da ist. Das Vertrauen zu haben, sich dem zu öffnen, was man wirklich im Leben braucht, wächst oft nur langsam heran.

Doch wenn ein Mensch genau hinsieht und die Bilder seines Lebens vor seinem inneren

Auge vorüberziehen lässt, sieht er, dass sein Leben ihm meist auch das gegeben hat, was er in diesem Augenblick brauchte. Diese Einsicht ist eine große Hilfe auf dem Weg. Sie hilft den Menschen, sich zu entspannen und ihre Hände mit großer Dankbarkeit zu öffnen. Sie hilft ihnen, die Dinge und Situationen, die ihnen ihr Leben bringt, anzunehmen, ohne zu fragen und zu zweifeln.

Affirmation:

Ich werde mir bewusst, wie sehr sich das Leben um mich kümmert und mich immer wieder beschenkt. Auch wenn diese Geschenke nicht immer meinen Wünschen entsprechen, sehe ich, dass ich immer habe, was ich brauche, auch ohne mich anzustrengen und meine Kraft zu verlieren. Ich lerne, mein Herz und meine Hände zu öffnen und die Geschenke meines Lebens dankbar zu empfangen und willkommen zu heißen.

**Mit Klarheit kommt Einsicht,
mit Einsicht wächst Dein Verständnis.**

Die Menschen bekamen eine wundervolle Gabe mit auf ihren Weg. Die Gabe des Verständnisses und der inneren Erkenntnis. Das Geschenk einer sich stetig erweiternden Wahrnehmung. Mit dieser Gabe können sie die Welt verstehen und lieben lernen. Sie können ihrem Leben einen besonderen himmlischen Duft verleihen, wenn sie ihre Aufmerksamkeit auf heilende Weise nutzen lernen. Sie können sich selbst immer wieder neu erschaffen und ihrer Seele einen Garten voller herrlicher Blüten schenken.

Doch zuerst muss sich jedes menschliche Wesen Klarheit erlauben. Es muss verstehen lernen, was Klarheit schafft und was sie verdunkelt. Das ist in jedem Menschenleben verschieden. Aber es gibt einige Richtlinien. Um Klarheit zu erlangen, darf ein Mensch nicht immer mehr und mehr in sich hineinstopfen. Ganz gleich, auf welcher Ebene. Klarheit braucht Raum, auch um richtig zu denken.

Um klar zu werden, muss der Mensch sein Inneres durchleuchten und seine Vorstellungen und all das Gerümpel, das sich angesammelt hat, loslassen. Ganz gleich, ob dies seine immer wiederkehrenden negativen Gedanken oder auch Habseligkeiten sind, die ihn nur noch belasten. In seinem Innersten weiß jedes Wesen, was es hinter sich lassen muss, um sich zu befreien und Klarheit zu gewinnen.

In diesem befreiten, inneren Raum entdeckt es seine Klarheit. Es muss, wie die kleine Fee auf dem Bild, die sinnend über die Stadt sieht, stillhalten lernen. Das Stillhalten ist eine große Kunst. Doch keine Lebenskunst bringt so viele reife und süße Früchte wie diese mit sich. Das Stillhalten hilft der inneren Klarheit. Sie kann im Inneren jedes Menschen geboren werden und zu wirken beginnen.

Mit Klarheit kommt Einsicht, und mit Einsicht wächst das Verständnis jedes Menschen. Wenn ein Mensch erst einmal sieht, was er mit sich und seinem Leben macht, erwachen die Kräfte der Einsicht in ihm. Sobald diese Kraft wirkt, verändert sich nach und nach das Bewusstsein des Menschen und sein Leben beginnt ruhiger und schöner zu fließen. Es beginnt ganz von selbst, in neue Bahnen zu strömen und sich auf wundervolle Weise zu entfalten.

Einsicht und Verständnis sind Geschwister. Das eine ist etwas jünger und das andere etwas älter. Aus der Ein-Sicht, der Sicht nach innen, erwächst das für den Menschen notwendige Verständnis, welches dann auf geheimnisvolle und magische Weise zu wirken beginnt und sein ganzes Erleben in dieser Welt verändert.

Wenn ein menschliches Wesen etwas wirklich versteht, ist dieses Verständnis unwandelbar mit seinem Bewusstsein verbunden. Dieses neue Verständnis durchwirkt all sein Tun und Nichttun. Es ist wie ein heller Schein, der ihn überallhin begleitet und sein irdisches Leben schützend umhüllt. All seine Erfahrungen bündeln sich zu einem Lichtstrahl, dem Strahl der Erkenntnis und damit auch des Wohlwollens und der Liebe. Ein solcher Mensch erstrahlt in einem neuen

Licht. Seine Schritte sind leicht, und sein Lebensweg offenbart sich ihm auf wundersame Weise.

Ein Mensch, der zu verstehen beginnt, kann niemandem mehr weh tun. Er weiß jetzt mit absoluter Sicherheit, dass er sich damit nur selbst verletzt. Es ist ein großer Schritt im Leben jedes Menschen, zu dieser Einsicht zu gelangen. Diese Einsicht erweitert sein Bewusstsein und erweitert auch seine innere Welt.

Sobald diese Einsicht in einem Menschen einmal erwacht ist, verändert sich auch seine Wahrnehmung von dem, was ist. Er beginnt, mit neuen Augen zu sehen und die Welt als seinen erweiterten Körper zu begreifen. Er sieht dann, dass nichts voneinander getrennt existiert und dass er selbst ein Teil des Lebens, ein Teil des Wunderbaren und Göttlichen ist.

Wenn sich ein Mensch die Ruhe gönnt, um das Wichtigste in seinem Leben zu tun, nämlich sein Innerstes zu erforschen, erhält sein Leben einen neuen Sinn. Er entdeckt, dass er sich nicht im Kreise drehen muss, sondern dass er auf die Kraft seiner inneren Klarheit vertrauen kann.

Seine innere Klarheit zeigt ihm jetzt den Weg. Diese Klarheit vertieft sich mit der Zeit zu einem neuen Verständnis seiner selbst. Er beginnt, sich zu wandeln und auf sich selbst zu hören. Er beginnt, mit sich selbst und allen anderen Wesen liebevoller umzugehen. Er beginnt, sein wahres Leben zu entdecken und sich seinem inneren Licht der Erkenntnis immer weiter zu öffnen.

Affirmation:

Ich lasse von allem Unnützen los und öffne mich für die Kraft meiner inneren Klarheit. Ich erlaube mir, Raum zu schaffen für mehr Verständnis. Indem ich negative Gedanken und Vorurteile loslasse, beginne ich, mich besser zu verstehen, und es erwacht eine neue Einsicht in mir. Ich begreife, dass es ohne diese Einsicht keinen wahren Sinn in meinem Leben geben kann.

Im Grenzenlosen findest Du Deine innere Ruhe wieder.

Das Grenzenlose ist überall! Es ist endlos und ewig und bringt alles Leben hervor. Es existiert äußerlich und innerlich. Im Inneren ist es ein wunderbarer Raum, der den Menschen immer offen steht. Im Äußeren ist es das sichtbare Universum. Der innere Raum des Grenzenlosen ist eine unsichtbare Dimension, die im Wesen jedes Menschen lebendig ist. Leider dauert es oft lange, bis ein Mensch die Kraft des Grenzenlosen in sich wiederentdeckt. Doch sie ist immer da. Der Raum des Grenzenlosen birgt viele Geschenke für die Menschen, wenn sie bereit sind, sich in ihn fallen zu lassen.

Die Fee auf dem Bild macht es uns vor. Sie streckt sich bequem auf einer Hängematte aus Gras aus und blickt in den Himmel. Der Körper entspannt sich... Das Bewusstsein wird weiter... In diesem Augenblick öffnet sich der Raum des Grenzenlosen.

Menschen, die diesen Augenblick einmal erlebt haben, fühlen immer wieder eine neue Art der Ruhe und der Entspannung in sich. Sie lernen, abzulassen von der Hast und der unnötigen Schnelligkeit, die viele von ihnen treibt. Sie haben gelernt, das Wichtige vom Unwichtigen zu unterscheiden. Solche Menschen sind wie Lichter im Meer des Dunklen und können anderen Menschen helfen, ihr eigenes Licht zu finden. Die Kraft der inneren Ruhe und des inneren Friedens, die sie immer wieder im Raum des Grenzenlosen finden, gibt ihnen die Möglichkeit, auch andere Wesen an ihre eigene Grenzenlosigkeit zu erinnern.

Wenn so etwas geschieht, ist es ein großes Glück. Das Geschenk der Ruhe, die im Raum des Grenzenlosen zu Hause ist, bringt die Erfüllung jedes menschlichen Wesens in dieser Welt. Oft suchen sie Ruhe, doch sie finden sie nicht.

Oder wenn sie sie finden, ist es nur für einen kurzen Augenblick. Wie ein Windhauch des Frühlings berührt er ihre Seelen, und dann ist er wieder fort...

Die Menschen arbeiten für alles, nur nicht für ihre innere Ruhe, nicht für ihren inneren Frieden. Dabei ist es das Einzige, wonach sich ihre Seele sehnt. Alles andere kommt und geht... Nur die Kraft der Ruhe und des Friedens eröffnet den Menschen eine ganz neue Welt.

Um die innere Ruhe wiederzufinden, ist manchmal etwas Zeit nötig. Und etwas Übung, sich von außen nach innen zu wenden. Es bedarf des Verständnisses und der Einsicht, dass es wichtig ist, diesen Weg zu beschreiten. Das Grenzenlose hat keine Eile. Es ist immer da. Es öffnet sich für jene, die den Mut haben, die Welt für einige Augenblicke hinter sich zu lassen und in den grenzenlosen Raum einzutauchen.

Sobald ein menschliches Wesen erkannt hat, welche Schätze in der Ruhe des Grenzenlosen auf ihn warten, fällt es ihm immer leichter, sich dieser Kraft hinzugeben. Es ist ein Hingeben in eine andere Dimension des Seins. Es ist ein Einswerden mit der unsichtbaren Welt, aus der alles kommt und in die alles wieder eingeht. Deshalb ist es eine gute Übung, sich dem Grenzenlosen anzuvertrauen. Es ist eine gute Übung, ab und zu von der äußeren Welt loszulassen und sich auf den Raum des Grenzenlosen in sich selbst zu besinnen.

Menschen, die dies verstehen, haben einen leichteren Weg. Sie nehmen die Dinge, die auf sie zukommen, nicht mehr so ernst und schwer. Sie sind nicht mit allem verhaftet und können deshalb auch leichter loslassen. Sie haben verstanden, was sie innerlich nährt und ihrem Leben Sinn gibt. Die innere Ruhe, die sie in sich selbst entdeckt haben, gibt ihnen die Weitsicht und das Vertrauen, dass sie auf dem richtigen Weg sind.

Die menschliche Sprache kann das Grenzenlose nicht wirklich beschreiben, denn alle Worte sind eine Form der Begrenzung. Das Grenzenlose ist grenzenlos. Es ist der ewige Raum, aus dem alle Wesen hervorgekommen sind und in den sie auch wieder heimkehren.

Deshalb gibt der Raum des Grenzenlosen den Menschen Ruhe. Er bringt ihnen tiefe, innere Entspannung und die Zuversicht und das Vertrauen, dass sie in diesem Raum zu sich selbst finden und aus ihren Träumen erwachen können.

Die Kraft des Grenzenlosen umgibt alles. Sie durchströmt und durchwirkt alle sichtbaren und unsichtbaren Welten. Alles ist im Raum des Grenzenlosen und in der Kraft des Grenzenlosen enthalten. Alles wird aus dem Raum des Grenzenlosen geboren, und alles kehrt auch wieder in den grenzenlosen Raum der Ewigkeit, in den Schoß Gottes, zurück.

Affirmation:

Ich lerne, mich der Kraft des Grenzenlosen anzuvertrauen und mich in meinen inneren Raum der Stille fallenzulassen. In der tiefen Entspannung finde ich auch meine innere Ruhe wieder und kehre heim zu mir selbst. Durch die Kraft meiner inneren Ruhe sehe ich meinen Lebensweg klarer vor mir und lerne, ihn mit Freude und Zuversicht zu gehen.

Die Zeit der Reife ist eine Form der Vollendung in jeder Natur.

Reife braucht Zeit. Irdische Zeit. Sobald ein Mensch diesen Kreis des Werdens und des Reifens richtig versteht, fällt ihm vieles leichter in seinem Leben. Er hat dann nicht mehr das Gefühl, dass er sich immer beeilen muss. Er verliert die Angst, etwas in seinem Leben zu verpassen oder nicht zur rechten Zeit am rechten Ort zu sein. Er lernt auch, die Verhaftung an bereits Erlebtes hinter sich zu lassen.

Etwas wirklich reifen zu lassen, bedeutet, Geduld zu entwickeln und der Kraft des Lebens zu vertrauen. Etwas wirklich heranreifen zu lassen, bedeutet, sich das wachsende Verständnis zu erlauben, die Dinge und auch sich selbst in einem neuen Licht zu sehen. Reife ist ein Prozess, der ohne Einmischung geschieht, wenn ein menschliches Wesen bereit ist, zu lernen und das Gelernte auch anzuwenden.

Jede Form der Natur strebt so auf ihrem Weg der Vollendung, dem Zustand der Reife zu. Nachdem sich der Same in der Erde geöffnet hat und dem Licht entgegenstrebt, erscheint wie durch ein Wunder nach einiger Zeit die Blüte. In dieser Zeit öffnet sich das innere Wesen und die Sinne des Menschen der äußeren Welt.

Dann fallen die Blütenblätter ab, und es entwickelt sich langsam die Frucht. Diese innere Frucht reift und wird süß. Sie reift, wenn der Mensch nicht eingreift, ganz von selbst heran. Es geschieht ohne sein Zutun. Körperliche und auch geistige Reife geschieht, kein Wesen kann sie erzwingen. Die Früchte, die der Mensch auf diese Weise erntet, sind unendlich viel süßer und befriedigender als die Früchte, welche er vorzeitig und deshalb noch grün vom Baum reißt. Die kleine Fee auf dem Bild sammelt mit Freude die vielen reifen, roten Früchte ein, mit welcher sie die Natur beschenkt.

Aber etwas wirklich in aller Ruhe reifen zu lassen und sich nicht einzumischen, ist für den Menschen oft nicht einfach. Er möchte vieles schneller haben, als es möglich ist. Er möchte die Früchte ernten, bevor sie reif sind. Er möchte sie genießen, bevor sie süß sind und Saft entwickelt haben.

Damit erschwert er sich manchmal seinen Weg und beraubt sich seiner Lebensfreude. Reife hat immer ihre eigene Zeit. Sie kann nicht schneller kommen, als sie auf natürliche Weise geschieht.

Reife bedeutet eine Abrundung und einen Höhepunkt in jedem menschlichen Leben. Die innere Ungeduld, die viele Menschen antreibt, hilft ihnen dabei nicht. Sie kann sogar vieles verderben, was im Begriff war, sich auf natürliche Weise zu entfalten.

Jeder Mensch ist hier auf Erden, um sich zu vollenden. Manchmal verwechselt er jedoch seinen Drang nach Vollendung und Reife mit seiner Suche nach »Perfektion«. Doch er muss keineswegs perfekt sein, um sich zu vollenden und um seinen Lebenskreis liebevoll abzurunden. Im Gegenteil, wenn er sich in die Idee der Perfektion verstrickt, verliert er viel wertvolle Zeit.

Alles Lebendige ist in Bewegung und Veränderung, in ständigem Wandel. Etwas »Perfektes« ist unwandelbar und deshalb tot. Es ist wichtig für die Menschen, diesen Unterschied zu sehen und sich selbst als ein wandelbares Wesen zu begreifen, das immer seinem höchsten Ziel, der geistigen und spirituellen Reife, zustrebt. Doch auch spirituelle Reife kommt nicht über Nacht. Sie erwächst mit der Zeit, sie reift in den Stürmen des menschlichen Lebens heran. Spirituell zu reifen, bedeutet, sich an sein wahres Selbst zu erinnern und die Einheit in allen Dingen zu sehen.

Die Menschen müssen wieder lernen, sich Zeit zu lassen, um nicht nur äußerlich, sondern auch innerlich zu reifen. Dann wandelt sich ihr Leben ganz von selbst. Sie müssen dann nicht mehr um Einsichten kämpfen. Die Einsicht und auch die Weitsicht, die wahre innere Reife mit sich bringen, lösen alle Knoten ihres Unverstandes. Mitgefühl, Friedfertigkeit und Liebe sind die sichtbaren und fühlbaren Boten geistiger und spiritueller Reife.

Der Augenblick der Reife ist der Punkt im Leben eines Menschen, an dem er im vollen Glanz seiner geistigen Entwicklung steht und deshalb mit Verständnis und Liebe auf die verschiedenen

Stufen seines Daseins zurückblicken kann. Er sieht jetzt, wie sich alles in seinem irdischen Leben auf wunderbare Weise zusammengefügt hat. Er erkennt, weshalb er bestimmte Erfahrungen machen musste. Er begreift, wie wichtig jeder Augenblick der Besinnung in seinem Leben war.

Jedes menschliche Wesen, das sich dem Fluss des Lebens anvertraut hat und durch ihn gereift ist, sieht die Welt mit den Augen der Güte und der Liebe. Es hat alle Erfahrungen gemacht, die seine Seele auf ihrem Weg brauchte. Es hat sich allem hingegeben und ist dadurch auf gute Weise gereift. Es ist rund und voll geworden und hat alle Stufen seines Daseins gelebt. Der Kreis der Kraft hat sich in diesem Wesen auf wundervolle Weise vollendet.

Nun kann sich dieses Wesen anderen Dingen zuwenden...

Es kann anderen Menschen helfen, die Zeit der Reife in ihrem Leben zu schätzen und nicht zu fürchten. Es kann anderen zeigen, wie es durch seine eigene innere Reifung einen Höhepunkt erreicht hat, den Unreife niemals haben kann. So ein Wesen kann durch seine Anteilnahme und Liebe eine große Hilfe für andere Menschen werden und sein inneres Licht weit in die Welt hinaustragen.

Affirmation:

Ich lerne, alle Stufen meines Da-Seins mit Vertrauen und Freude zu leben und nichts auszulassen oder abzulehnen. Damit unterstütze ich auf positive Weise die Reifung meines inneren Wesens. Nur wenn ich auch innerlich heranreife, kann ich die wundervollen Früchte genießen, die mein Leben für mich immer wieder bereithält.

Frieden kommt zu Dir, wenn Du nichts willst...

Der Frieden ist eine wundersame Kraft, die aus der inneren Ruhe jedes menschlichen Wesens geboren wird. Doch diese Kraft, welche die Seele aller Menschen nährt und tief beglückt, kann man nicht erzwingen. Alle Wesen auf dieser Welt wollen eigentlich in Frieden leben, doch sie tun manchmal nur wenig dafür.

Inneren Frieden zu haben, ist ein Geschenk. Er kommt in die Herzen der Menschen, die nicht immer etwas anderes wollen als das, was ist. Er erwacht in den Herzen, die bereit sind, die Grenzen der Abtrennung zu überschreiten und andere Wesen nicht mehr als Feinde zu sehen.

Alles in der äußerlichen Welt spiegelt die innere Zerrissenheit der Menschen wider. Der Mensch kann nicht warten, bis in seiner Welt Frieden herrscht, um sich innerlich friedlich zu fühlen. Menschen, die den Frieden in ihr Leben einladen und deshalb friedlich mit sich selbst und anderen leben, tragen am meisten zum Frieden der Welt bei. Es ist der einzige Weg. Ein Mensch kann keinen anderen Menschen zum Frieden zwingen, denn die Erfahrung des inneren Friedens ist die Krönung im Leben jedes menschlichen Wesens. Erst wenn die Menschen lernen, ihre Ängste voreinander zu überwinden und zu sehen, dass sie nicht getrennt von anderen existieren und in Wirklichkeit mit allem um sie herum verbunden sind, haben sie die Fähigkeit, in Frieden zu leben.

Auch die Erfüllung all ihrer Wünsche macht die Menschen nicht glücklich. Denn aus jedem erfüllten Wunsch wird immer ein neuer Wunsch geboren, und so geht die Kette endlos weiter. Ein Mensch, der kein Verständnis hat, glaubt durch die Erfüllung seiner Wünsche glücklich zu werden... Doch wie kann er wissen, was er wirklich braucht. Er kennt sein Wesen und sein Herz nicht, er weiß nicht, was ihn erfüllt und was ihn auf dieser Ebene des Seins wachsen lässt.

Das innere Verständnis zu erlangen, dass der innere Frieden nur dann kommen kann, wenn man nichts will und auch niemand anderem etwas aufzwingen muss, ist kostbar. So kostbar, dass ein Wesen alles dafür tun sollte. Solange sich die Menschen nur nach weltlichen Dingen sehnen und immer begehren, was nicht ist, können sie auch keinen inneren Frieden finden. Sie können keinen Frieden finden, da sie ihre Kräfte mit Dingen verzetteln, die in Wirklichkeit unwichtig sind.

Wenn ein Mensch sich dies einmal klar macht, beginnt er zu verstehen, wie er seinen inneren Frieden selbst verhindert. Entweder er erfüllt sich all seine Wünsche und gebraucht seine Lebenskraft nur zu diesem Zweck, oder er besinnt sich und sieht die Falle, in die er sich begeben hat, und beginnt aufzuwachen. Man braucht Kraft und auch Willen, um aus diesem Kreis der Illusionen zu entkommen. Man braucht den Willen und die geistige Einsicht, um richtig zu wählen. Der Mensch muss einsehen, dass er den inneren Frieden, nach dem sich seine Seele so sehr sehnt, mit seinen Träumen bezahlen muss. Der Preis des Friedens sind die Trugbilder, die sich ein Mensch im Laufe seines Lebens aufgebaut hat.

Alle Menschen treffen immer wieder eine bestimmte Wahl. Doch sie können nicht beides haben. Sie können nicht ihren Trugbildern folgen und ihren inneren Frieden haben. Das eine schließt das andere aus. Sie können nur dann ihren inneren Frieden finden, wenn sie davon ablassen, ihrer Welt der Veränderung und des stetigen Wandels dauernd etwas abringen zu wollen. Zu sehen, dass sie Traumbilder verfolgen, die keinen wahren Inhalt besitzen, öffnet ihre Augen und verändert die Wahrnehmung ihrer Welt.

Die Kraft des inneren Friedens ist eines der größten Geschenke im Leben jedes menschlichen Wesens. Ohne den Frieden kennt es keine innere Ruhe, und ohne innere Ruhe kommt auch kein Frieden. Die Einsicht, den Frieden einzuladen, ist der tiefste Wunsch jeder menschlichen Seele. Die Seele lebt in Frieden, sie wird genährt von Frieden. Des Menschen höchste Aufgabe ist, den Frieden in sich selbst wiederzufinden, denn dann strömt dieser Frieden auch nach außen in die Welt hinaus.

Einen innerlich friedlichen Menschen kann man an seinen freundlichen Augen erkennen. Er strahlt innere Ruhe aus. Er lebt im Augenblick, er ist präsent, wo immer er ist. Wenn er sich einem anderen Wesen nähert, beginnt sich dieses Wesen zu entspannen und sich gut und frei zu fühlen. Ein Mensch, der seinen inneren Frieden gefunden hat, ruht in seinem inneren Wesen. Durch sein ruhiges Wesen kann er anderen helfen, Ruhe zu finden. Durch die Ausstrahlung seines inneren Friedens hilft er, das Gleichgewicht der Welt wiederherzustellen. Je mehr Menschen es gibt, die ihren inneren Frieden gefunden haben, desto besser geht es auch allen anderen Lebewesen.

Die Kraft des inneren Friedens breitet sich aus wie ein Kreis von Wellen, der entsteht, wenn man einen Stein in einen Teich wirft. So ist es auch mit dem Frieden in den Seelen der Menschen. Wenn diese Kraft in Bewegung kommt, erreicht sie alle Ufer. Sie erreicht die menschlichen Herzen und hilft ihnen, sich wieder auf den wahren Grund ihres Seins zu besinnen. Sie hilft ihnen, ihre Kräfte nicht mehr an nutzlose Dinge zu vergeuden, die sie nur ermüden und ihre Seele nicht nähren.

Der Frieden kommt immer in einfachem Gewand, wie die Elfe auf diesem Bild. Er glitzert nicht, er scheint nicht hell, doch leuchtet er von innen her in sanftem, ewigem Glanz. Er kommt auf leichtem Fuße, fast unbemerkt zu jenen, die sich wirklich nach ihm sehnen und die bereit sind, den Weg für ihn zu bahnen.

Affirmation:

Ich verstehe, wie ich die Kraft meines inneren Friedens wiederfinden kann. Ich erkenne, was ich in meinem Leben wirklich brauche, um in Frieden zu leben, und lasse alles Unnötige los. Die Kraft des Friedens gibt mir die innere Erfüllung, nach der ich mich immer gesehnt habe.

In der Leichtigkeit des Seins findest Du heim zu Dir selbst.

Das Leben leicht zu nehmen, fällt vielen Menschen leider schwer...

Sie fühlen keine Freude mehr und verstricken sich immer weiter in Probleme, die sie sich selbst erschaffen haben. Immer wenn sie in einer Situation sind, die sie nicht annehmen wollen, machen sie ein neues Problem daraus. Selbst jene, die alles im Überfluss haben und sich zumindest in der äußeren Welt keine Sorgen machen müssten, sorgen sich Tag und Nacht. Manchmal haben die Menschenkinder, die nicht viel auf der irdischen Ebene ihr eigen nennen, sogar weniger Sorgen als die, denen das Leben viel irdisches Gut geschenkt hat.

Um die Leichtigkeit des Seins zu fühlen, bedarf es eines frohen und problemlosen Herzens. Man braucht ein Herz, welches nicht von zu vielen Sorgen beschwert ist. Man braucht das tiefe Verständnis und die Weisheit, dass alles in dieser Welt vergänglich ist. Wenn ein Mensch viel Ballast mit sich herumträgt und sich viele Sorgen macht, kann sein Herz nicht leicht und froh sein. Es ist bedrückt von all der Last, die ihm so ein Mensch aufbürdet. Das Herz wird traurig und mit der Zeit sogar krank. So ein Menschenkind muss verstehen lernen, was es mit sich selbst anstellt, dann ist auch eine Veränderung seiner Lebenslage möglich.

Die Leichtigkeit des Seins ist, wie die Menschen gern sagen, eine Lebenskunst. Um sie zu erlangen, darf ein Wesen an nichts festhaften. Es muss beweglich und leicht bleiben und sich immer an seine wahre Heimat erinnern. Es muss verstehen lernen, dass nichts in dieser Welt sein eigen sein kann, dass es hier nur zu Gast ist und sich dementsprechend gut benehmen soll. Es kann alles genießen und sich an allem erfreuen, doch es darf nichts festhalten. Dann kommt die innere Leichtigkeit ganz von selbst, und der Mensch beginnt, wie die kleine Elfe auf diesem Bild, sich leicht und frei zu fühlen. Leicht, froh und dankbar, einfach nur lebendig zu sein.

Das ist ein wichtiger Schlüssel im Dasein jedes Menschen, denn ohne die Leichtigkeit des Seins ist wahre Freude unmöglich. Ein Mensch mag sich freuen, weil er etwas Besonderes erreicht hat. Doch sobald es wieder vergeht und sich die Dinge wandeln, vergeht auch seine Freude. Nur die Leichtigkeit des Seins schenkt den Menschen ewige Freude, denn diese Freude ist nicht von äußerlichen Dingen abhängig. Sie vergeht nicht, wenn sich das Leben verändert. Diese Freude umspielt wie der Duft einer Blüte die Wesen, welche bereit sind, die Leichtigkeit ihres eigenen Seins zu entdecken.

Sich einfach nur daran zu erfreuen, dass man lebendig ist, fällt manchen Menschen leider schwer. Es genügt ihnen nicht, einfach nur die Freude ihres Daseins zu fühlen. Sie empfinden keine Leichtigkeit in ihrem Herzen. Würden sie öfter in die Natur gehen und von den Naturgeistern lernen, fiele ihnen so manches in ihrem Leben leichter. Die Natur ist ein wunderbarer Spiegel der Leichtigkeit des Seins. Trotz aller Stürme und Wetter, die es geben mag, hinter den

Wolken scheint immer die Sonne. Auch wenn sich die Gräser im Wind beugen, werden sie dadurch nur noch geschmeidiger und stärker. Wenn etwas starr ist, bricht es. Wenn es sich nicht den Stimmungen der Natur anpasst, kämpft es und verliert mit der Zeit seine Kraft und stirbt ab.

Gegen den Strom des Lebens zu schwimmen, macht den Menschen manchmal viel Spaß, weil es schwierig ist und ihnen ein Gefühl der Stärke gibt. Doch mit dem Strom zu schwimmen und sich von den Kräften der Natur tragen zu lassen, ist einfacher und auch viel weiser. Doch diese Einsicht muss jedes Wesen selbst gewinnen. Es muss selbst durch viele schwere Zeiten gehen, bis es diese tiefe Weisheit wirklich begreift.

Die Leichtigkeit des Seins kann von jedem Wesen empfunden und erlebt werden. Es bedarf keiner besonderen Kräfte oder Gaben, die Leichtigkeit und Schönheit des Seins wahrzunehmen. Alles, was man braucht, ist ein klein wenig Mut, sich vom Leben selbst führen zu lassen. Man braucht Demut, sich dem Strom des Lebens anzuvertrauen und sich von ihm in die Leichtigkeit des Seins tragen zu lassen. In der Leichtigkeit des Seins finden die Menschenkinder heim zu sich selbst. Ihr Selbst erblüht in dieser Leichtigkeit und bringt ein tiefes Gefühl der Zufriedenheit und Ruhe. Die wahre Heimat wiederzufinden, ist immer ein herrlicher Augenblick! In der Leichtigkeit des Seins erstrahlt das Selbst in hellstem Glanz und wischt alle Tränen fort.

Die Gabe zu haben, sich einfach an dem zu erfreuen, was ist, ist das herrlichste Geschenk, denn das größte Mysterium des Lebens und des Seins ist, dass es überhaupt existiert! In das eigene Mysterium des Seins einzutauchen, ist deshalb auch das göttlichste Gefühl, das ein Menschenherz fühlen kann. Es bringt eine innere Leichtigkeit und Freude mit sich, die ihm wahrhaft innere Flügel verleiht und alle Wunden heilt.

Heimzukommen, ist für jedes Menschen Herz die innere Erfüllung. Heimzukehren in die Welt, aus der es gekommen ist, in die Welt der Leichtigkeit des Seins, bedeutet für jedes menschliche Herz die Vollendung seiner irdischen Reise. Die kleine Elfe auf dem Bild will die menschlichen Wesen daran erinnern, dass auch sie die Gabe haben, in die Leichtigkeit ihres Da-Seins und damit in ihre wahre Heimat zurückzufinden.

Affirmation:

Ich lerne, mich dem Strom meines Lebens vertrauensvoll hinzugeben. Selbst wenn ich manchmal zweifle, habe ich die Kraft, meinen Weg zu gehen. Mein Vertrauen in mich selbst und mein Leben wächst von Tag zu Tag. In diesem Vertrauen offenbart sich die Leichtigkeit des Seins, die meine wahre Heimat ist und in die ich immer mit Freude eintauchen und zurückkehren kann.

Der Tanz des Lebens währt ewig, nimm daran teil!

Elfen und Feen erfreuen sich nachts unter den Sternen an ihrem ewigen Tanz. Sie laden die Menschenkinder ein, mit ihnen zu tanzen. Sie fordern sie auf, mit ihnen zu feiern und in seliger Umarmung mit dem Leben zu schwingen.

Selbst wenn es so scheint, als sei der Tanz des Lebens zeitlich begrenzt, so ist die Wahrheit eine andere. Auch wenn die Seele ihr Kleid ablegt, hört sie nicht auf zu tanzen. Der Tanz des Lebens ist ewig. Er hat keinen Anfang und kein Ende. Er kennt kein Gestern und kein Morgen. Der Tanz des Lebens lädt alle Wesen immer wieder dazu ein, an ihm teilzunehmen. Beglückt sind jene, die diesem Ruf folgen...

Leider hören viele menschliche Wesen diesen Aufruf zum Tanz nicht. Ihr Leben dreht sich immer nur um ihre Sorgen. Deshalb sind ihre Füße schwer und ihre Herzen stumm. Sie hören die Melodie des Lebens nicht. Doch sie selbst haben sich das innere Gefängnis erschaffen, in dem sie sich befinden. Manchmal trifft ein Sonnenstrahl die vergitterten Fenster oder ein Vogel singt und der Wind trägt sein Lied zu der gefangenen Seele. Ein Hoffnungsschimmer erwacht und erleuchtet für einen Augenblick den dunklen Kerker.

Es gibt viele schwere Stunden im Leben der Menschen. Doch es gibt auch das innere Licht, das sie durch die Dunkelheit führt und ihre Wege ebnet. Wenn sie nur an sich selbst glaubten, würde sich alles sehr rasch verändern. Alle Schmerzen sind vergänglich – wie auch alle irdischen Freuden. Alles wandelt sich unaufhörlich, verändert seine Form und seinen Ausdruck. Deshalb ist es so wichtig, dass die Menschen zu sich finden und nicht in ihren Gedanken gefangen bleiben.

Es ist nie zu spät! Es gibt immer Hoffnung! Jedes Wesen kann am Tanz des Lebens teilnehmen.

Kein Wesen muss auf ewig in seinen trüben Gedanken und Vorstellungen, die alles verdunkeln, gefangen bleiben. Ein Wesen, das die Einladung zum Tanz immer wieder aufschiebt, tut sich damit nichts Gutes. Es behindert dadurch den freien Fluss der eigenen Lebenskraft. Die Kraft des Lebens muss fließen und in Bewegung bleiben, um lebendig zu bleiben. Lebenskraft, die nicht fließen kann, weil ein Mensch sie behindert, stagniert. Deshalb ist es so wichtig, auf sein Inneres zu hören und die Kräfte, die das ganze Leben bewegen, frei fließen zu lassen.

Der Mensch ist größer als all seine Gedanken und Ideen, er ist weiser und gütiger, als er selbst glaubt. Er muss darauf vertrauen, dass wunderbare Kräfte sein Dasein ermöglichen, und diesen Kräften folgen lernen. Er darf sie nicht stagnieren lassen, sonst verliert er einen Teil seiner eigenen Lebenskraft. Ein Mensch, der sich selbst erfahren will, muss genügend Kraft besitzen, um den Mut zu haben, in sich selbst einzutauchen. Er muss bereit sein, am Tanz des Lebens mit frohem Herzen teilzunehmen und die Einheit zu fühlen, die alle anderen Wesen mit ihm verbindet.

Der Tanz des Lebens geht unaufhörlich weiter... ganz gleich, ob ein Mensch daran teilnimmt oder nicht. Der Reigen dreht sich in ewigem

Kreise und lädt jedes Wesen ein, seinen Platz in diesem Reigen zu finden. Leider warten die Menschen oft zu lange, bevor sie den Mut finden, ihr Leben zu beginnen. Ihr Körper ist lebendig, aber sie nehmen nicht wirklich an ihrem Leben teil. Sie schützen sich vor Erfahrungen und Situationen, die ihre Lebendigkeit hervorbringen könnte. Sie benehmen sich, als hätten sie mehr Angst vor dem Leben als vor dem Tod.

Teilzunehmen am Leben, trägt immer zu einer Bereicherung ihres inneren Wesens bei. Sich zu schützen und sich vor lauter Angst klein und hilflos zu machen, hilft dem inneren Wesen nicht. Es kann nicht wachsen und sich nicht selbst in dieser wundersamen Welt des stetigen Wandels auf vielerlei Arten erfahren. Das Wesen verarmt. Es kann sich nicht ausdrücken, wie es gern möchte. Es darf sich nicht freuen, es darf nicht mittanzen. Menschen, die sich so selbst verstümmeln, sind arm. Ihnen fehlen die Einsicht und das Verständnis, das eigene Licht zu leben und ihrem Wesen die Möglichkeit zu geben, das zu tun, wozu es sich hier auf Erden manifestiert hat. Solchen Menschenkindern kann man nur Mut zusprechen, sich dem Leben wieder zu öffnen und die Angst nicht weiter zu nähren.

Alles wird gut, und alles geschieht auf rechte Weise, wenn ein solches Wesen seine Schale durchbricht und die belebenden Schwingungen des großen Mysteriums genießen lernt. Jedes Wesen, das am großen Tanz des Lebens teilnimmt und sich in seinen Kreis begibt, wird unendlich reich von ihm beschenkt. Es fühlt sich nicht mehr allein, sondern auf tiefste Weise geborgen. Es weiß nun, dass es Hand in Hand, gleich den kleinen Elfen und Feen auf dem Bild, im Reigen des Lebens schwingt und sich keine Sorgen mehr zu machen braucht, wie es mit seinem Leben weitergehen soll.

Die Menschen machen sich zu viele Sorgen. Es scheint eine ihrer Lieblingsbeschäftigungen zu sein. Dabei ist ihr Sorgenmachen nicht die beste Vorbereitung für die Zukunft. Sie könnten stattdessen ihre Kräfte dazu gebrauchen, sich aus dem Sorgenloch zu befreien und die Schönheiten ihres Daseins neu zu entdecken.

Der Tanz des Lebens wartet auf sie! Sie können jederzeit daran teilnehmen. Sie können jederzeit die Hand eines anderen Wesens ergreifen und sich in ungeahnte Höhen tragen lassen, damit ihr eigenes Leben zu dem Glanz aufsteigen kann, für den es ursprünglich erschaffen wurde.

Ein Mensch, der diesen Schritt tut, schaut nicht mehr zurück. Eine bisher unbekannte Dimension des Seins öffnet sich und lässt sein Leben in einem neuen Licht erstrahlen. Dieses Licht pulsiert von nun an in seinen Adern und schenkt ihm ein neues Bewusstsein. Er erkennt sich selbst und sieht seinen Lebensweg nicht mehr als Bürde, sondern als Erfüllung seines inneren Wesens. So ein Mensch ist jetzt auf immer Teil des ewigen Reigens, der das Mysterium des Lebens auf alle Zeiten mit seiner göttlichen Schönheit krönt.

Affirmation:

Ich bin ein Teil des Lebens und nehme meinen Platz im großen Reigen mit Freuden ein! Ich bin dankbar, am Tanz des Lebens teilnehmen zu dürfen und meinem Wesen die Freiheit zu schenken, sich auf Erden zu verwirklichen.

Über die Autorin

Gayan Sylvie Winter ist Schriftstellerin und Spirituelle Lebensberaterin. Sie lebte viele Jahre in Oshos Meditationszentrum in Indien und studierte und praktizierte verschiedene Religions- und Meditationswege. Sie beschäftigt sich seit über 30 Jahren mit geistigen Themen und dem Tarot.

Heute lebt sie in Santa Fe, New Mexico, und kommt zu jährlichen Kursen und Privatsitzungen nach Europa. Durch ihren Humor und ihre herzliche Offenheit sowie ihre mediale Begabung hilft sie Suchenden, den Weg in die eigene Wahrheit und Freiheit zu finden.

Information für Seminare und Einzelsitzungen in der Schweiz bei:

Forum im Licht

Oberdorfstr. 28
CH- 8024 Zürich
Tel: 01 252 6878
Fax: 01 252 6860
E-Mail: office@imlicht.ch

Bücher von G. S./Winter

Wenn das Herz frei wird..., München 1982 und Berlin 1991.
Tarot der Liebe (mit W. v. Rohr), Neuhausen 1989.
Tarot für Frauen, München 1995.
Meditation für Frauen, München 1996.
Die Heilung der inneren Frau, München 1998 und 2000.
Vision-Quest-Tarot, Neuhausen 1998.
I Ging der Frau, München 1999.
Das Schutzengel-Tarot, München 1999.
Was mache ich mit dem Rest meines Lebens?, Neuhausen 2000.
Die Weisheit der Elfen und Feen, Kartendeck, Neuhausen 2000.

CD Kassette Video

Tarot – der Weg der Selbsterkenntnis, Freiburg 1990.
Meditation, mit Musik von Deuter, CD und Kassette, München 1994.

Die Karten zum Buch:

Die Karten sind wie Zuckerwatte oder ein kleiner Schatz aus Muscheln und schönen Steinen. Etwas, das uns an vergangene Kindertage und an eine Zeit erinnert, als wir noch mit der Natur verbunden waren. Die Elfen verkörpern die geheimnisvollen Elementarkräfte der Erde, welche in der Pflanzenwelt wirken. Die Feen symbolisieren die kosmischen Kräfte und sind mit dem Luftelement und dem Äther verbunden. Die Elfen und Feen sind die Boten des Wunderbaren – einfach und kostbar. Zum Mitnehmen, Legen, Träumen, Spielen ...

Gayan Sylvie Winter
Die Weisheit der Elfen und Feen

40 Karten
mit Anleitung
ISBN 3-908650-04-6